国は人がつくる
人は教育がつくる

君のために
走り続けたい!

しもの六《ろく》太《た》

JN194376

院

君のために走り続けたい！

新《あたら》しーもの
たくましーもの
素晴《すば》らしーもの
しもの六太《ろくた》

1
やればできる！ それが信条《しんじょう》
だれも置き去りにしない
君のために 走り続けたい！
熱い！ 熱すぎる奴《やつ》さ

ごらんよ！ 風が今
流れを変える今
政治こそロマンなんか
あっていいじゃない！

そう！ 新しーもの
そう！ たくましーもの
そう！ 素晴らしーもの
しもの六太

2

つまずいても やり直せばいい
だから明日《あす》を見つめよう
勝利のために 闘《たたか》う君の
熱と力 まぶしい！

ごらんよ！ 虹が今
福岡（ここ）からアジアへと
政治こそロマンなんか
あっていいじゃない！

※そう！ 新しーもの
そう！ たくましーもの
そう！ 素晴らしーもの
しもの六太

※くりかえし

しもの六太
ソング
動画配信中！

国は人がつくる 人は教育がつくる

君のために走り続けたい!

Contents もくじ

水谷 修さん

林家まる子さん&こっちゃん

序章　やればできる！

二〇一八年七月、卒業以来七年もの歳月《さいげつ》が流れていた。再会した彼は見違《みちが》えるほど爽《さわ》やかな青年に成長し、「しもの先生に出会っていなければ、僕はあのとき道を踏《ふ》み外《はず》していました」と、笑顔で語ってくれた。

◇

二〇〇八年四月。福岡にも温かい春が訪れた。

春日南《かすがみなみ》中学校（福岡県春日市）の入学式を迎えたその日、母親と共に私のもとを訪《おとず》れた新入生・早野響《はやのひびき》くんの憂鬱《ゆううつ》な表情が忘れられない。早野さん親子にとって、この日の入学式はお祝いとはほど遠いものだった。

響くんは小学生時代、サッカーに熱中していた。中学校に入学したら、サッカー部に入ってグラウンドを思いきり走り回りたい。そんな彼の願いは、あえなく絶望《ぜつぼう》の淵《ふち》に叩《たた》き落《お》とされた。春日南中学校にはサッカー部がなかったのだ。

「サッカー部がない学校になんか行きたくない」

そう言い張る響くんを納得させるため、入学前に、母親の由紀《ゆき》さんは福岡県教育委員会に相談に訪れていた。

「春日南中学校にサッカー部を新設してもらえませんか。それができないなら、サッカー部がある別の中学校に越境《えっきょう》入学できませんか」

教育委員会の返答は、いずれも「ノー」だった。

制服の採寸《さいすん》にもギリギリまで抵抗し続けた響くんを、お母さんは無理やり引っ張って入学式に連れてきた。下を向いて眉間《みけん》に皺《しわ》を寄せている響くんを前に、お母さんはなすすべもなく途方《とほう》に暮れていた。

入学式が終わったあと、お母さんから初めてその話を聞いた。私はじっと響くんの顔を見つめ、声をかけた。

「君もか。俺《おれ》も君と同じなんだよ。この学校に来たとき、『なんでサッカー部がないんや』とずっと思ってきた。サッカー部がないなんて、つまらんよな。でもサッカー部がなくても、中学時代に何か一つでもやりとおそうや。君がやりたいことは、この中学校できっと見つかる。俺と一緒にがんばろうや！」

その瞬間、響くんの表情がスーッと変わった。目の前の悩める一人の少年を、これ以上腐《くさ》らせてなるものか。私は教員として、この子にどこまでも寄り添《そ》う。この子を必ず成長させてみせる。私と響くんの〝共戦《きょうせん》〟の始まりだった。

◇

サッカー部がない春日南中学校で、響くんはくすぶっていた。心の中ではどうしてもサッカーをあきらめきれない。あり余《あま》るパワーの行き場所を失い、彼は中学校での生活を楽しめずにいた。

ある日、私は彼を含む生徒たちに壮大な挑戦を呼びかけた。

「なあ、みんなで日本一のタンブリングをやってみらんか？」

「タンブリング」という言葉すら聞いたことがない生徒たちはキョトンとしている。

タンブリングとは、マット運動と組み体操を交《ま》ぜ合わせ、しかもバック転《てん》やバック宙《ちゅう》（後方宙返《こうほうちゅうがえ》り）も交えた集団演技だ。しかも、ただのタンブリングではない。バック転やバック宙などの大技を入れた「日本一のタンブリング」をみんなで作り上げるのだ。

ケガや事故を防ぐため、生徒たちの腰には柔道の帯《おび》を締めさせ、バック転やバック宙をするときには帯をしっかりもって介助《かいじょ》する。

空中で回転するコツをつかむと、生徒はすさまじい勢いで成長を始める。みんな無我《むが》夢中《むちゅう》で練習を続け、バック転やバック宙を成功させる生徒が続出した。ロンダート（側方倒立回転《そくほうとうりつ》跳びから、四分の一だけ体をひねって後向きに着地《ちゃくち》）からのバック転、さらにバック宙までセットで決めると、ジャニーズ系アイドルも顔負けの見事な演技になる。

この高度な技《わざ》を習得する生徒が現れると、練習はますます熱気を帯《お》びていった。授業だけではとても足りず、昼休みや放課後も武道場に大勢の生徒が集まって、課外授業は次第に異様《いよう》な熱気を帯びていった。サッカーや野球で人気のはずの運動場は、人影がまばらで閑散《かんさん》としている。かたや武道場には学校中の生徒が集まっているのだ。

「日本一のタンブリング」完成の瞬間が、一歩ずつ近づいていた。

◇

彼らが三年生になった二〇一〇年五月。春日南中学校の校庭で体育会が始まった。体育会のメーンイベントとして、全男子生徒によるタンブリングを初披露《はつひろう》するのだ。

ウエーブ、風車、人間ロケット、五段ピラミッド。生徒自身が考案し、考えに考え抜かれたプログラムに沿って、見事な演技が次々と披露されていく。

安全のため校庭にマットを敷き、その上でバック転やロンダート、バック宙を組み合わせた極めて高度な連続技を次々と決めていく。しかもそれは、一人、二人のエースだけが見せる演舞ではない。血のにじむような練習を経てたどり着いた最高の技を、希望者の生徒が思いきり披露したのだ。

最初は五段の跳び箱も跳べず、マット運動の後転も満足にできなかった運動オンチの生徒も、見違えるように生き生きと笑顔で運動を楽しんでいる。

どこにでもいる普通の中学生が、ここまで大きく成長できるものなのか。二〇分以上にわたる迫力あるタンブリングに、観客から地鳴《ぢな》りのような歓声と大拍手が轟《とどろ》いた。春日南中学校の三年生は、「だれも置き去りにしない」という合言葉を見事なまでに形にしてくれた。多くの生徒たちが「やればできる！」と、心の底から実感し、自信をもつことができた。「人間教育」の醍醐味《だいごみ》がここにあった。

タンブリング演技をする男子生徒たち

◇

響くんには父親がいない。母親の由紀さんは、女手ひとつで苦労しながら息子を育て上げてきた。幼いころに両親の離婚《りこん》を経験した響くんは、母子《ぼし》家庭であることに負《お》い目を感じ、父親という存在に根源的な不信感をもっていた。小学生時代には、いじめを受けたこともあるという。入学当初は、全身にトゲをまとっているようだった彼が、「しもの式体育」「人間教育」の授業を通じて、見違えるようにどんどん変わっていった。日一日と優しい男に成長していった。

早野家では「今日の学校はどうだった?」ではなく「しもの先生、どうだった?」という声かけから、家庭での会話が弾《はず》んだそうだ。保護者同士でも体育の授業のことがよく話題にのぼり、子どもたちがどんどん変わっていく姿は「しものマジック」と呼ばれていたらしい。

思春期の生徒は、大人には想像がつかないほど多感《たかん》だ。小さな言葉で深く傷つき、やり場のない怒《いか》りに打ち震《ふる》えることも数多い。しかし、教師が本気になれば、反抗期の難しい子どもたちも大人を信じ、〝共戦《きょうせん》〟の歩みを進めることができる。

私は、時折、響くんが見せる寂《さび》しそうな表情から、彼が抱《かか》える大きな孤独感に気づいていた。

彼は中学に入学するまで、「父親なんて信じられない。大人なんてウソつきだ」と思っていたそうだ。私はそうした気持ちを受け止め、彼にとっての人生の道しるべになろうと決めた。周囲の生徒となじめないことも多かった彼に寄り添い、徹底的に対話を続けた。体育の授業を通じて、「あきらめない力」「絶対に負けない勇気」の大切さを伝えていった。

中学を卒業するとき、響くんは私にこう言った。

「先生、将来、僕が結婚するときには、父親の席に座ってくれませんか？」

私は即答《そくとう》した。

「あたりまえたい！　俺は君のことをずっと見とるけん。何か困ったことがあったらいつでも相談してこい。俺は君の父親のつもりでおるけん！」

その瞬間、響くんの目からも私の目からも、大粒の涙があふれ出した。

2018年の夏に再会した、教え子の早野響くん（写真左）と母親の早野由紀さん（写真右）

第1章 たくましき庶民の誇り

一九六四年、私は福岡県北九州市八幡西区《やはたにしく》に生まれた。家族構成は両親と姉、私、妹、さらに四人の弟がいる七人きょうだいだ。

「七人きょうだいの六太《ろくた》」と自己紹介すると、必ず「六男ですか?」と聞かれる。私は長男でありながら「六太」と名づけられた。

父は「世界の七つの海を渡り歩く人材に育ってほしい」と願ったそうだ。なのになぜ「六太」なのかというと、「六つの海+太平洋」という意味らしい。

奈良時代から中国大陸や韓・朝鮮半島との交流を重ねる「西の都」として栄えてきた九州・福岡の天地から、七つの海へ飛び出していってほしい——。父はきっとそんな願いを「六太」という名前にこめたのだろう。

一九六四年といえば、初めての東京オリンピックが開催された高度経済成長期の真っただ中だ。だが、しもの家はオリンピックバブルとも好景気とも無縁《むえん》だった。

父は新聞販売店を営《いとな》みつつ、古ダンボールを回収しながら生計を立てていた。狭《せま》い部屋で九人もの家族がひしめくわが家は、まさに「貧乏《びんぼう》ヒマなし、子だくさん」を絵に描いたような光景で、「裕福《ゆうふく》」とはおよそほど遠い暮らしぶりだった。

東京オリンピック開幕直前の一九六四年一〇月、東京と新大阪を四時間（翌年からは三時間一〇分）で結ぶ夢の超特急・東海道新幹線が開業する。山陽新幹線が新大阪から博多まで全線開通（一九七五年三月）する一〇年以上も前だ。

幼いころ、しもの家では両親がよくこんな会話をしていたものだ。

「ウチは貧乏やけん、弾丸《だんがん》列車なんぞには一生、乗れんやろうね……」

父ときょうだいと（左から２番目）

私たちの住む北九州から本州の大阪まで出かければ、時速二〇〇キロもの弾丸列車がビュンビュン走っているらしい。そんな話は、貧乏暮らしに慣れっこだった私にとっては、ＳＦ小説か夢物語のように縁遠《えんどお》いものだった。

両親と七人きょうだいの大家族

合計九人もの大家族の生活を、両親はどうやって切り盛りしていたのかと不思議に思う。経済的にはドン底だったはずだが、不思議と私は、そうした暮らしが嫌いではなかった。ケーキはおろか、スナック菓子やサイダーなんて口にしたこともない。でもわが家の食卓は、いつもにぎやかで充実していた。

九人家族だからといって、食べ物に事欠いたわけでは決してない。ご飯はいつも山盛りで、おかわり自由だったし、冷蔵庫には納豆やチーズ、牛乳などが満載《まんさい》されていた。母は、貧しいながらに知恵をめぐらせて、子どもたちがひもじい思いをせず、栄養価の高い食生活を送れるように工夫してくれた。

北九州は、農作物も海の幸も豊かだから、地元で採れる安い野菜や魚はたくさんある。牛肉は高級品だから口にすることはなかったが、手羽先《てばさき》や端切《はぎ》れの肉を安い値段で大量に買いこみ、豊富な野菜と一緒に炊きこんだカレーやシチューはとてもおいしかった。世間にはわが家より豊かで、すごいごちそうが食卓に並ぶ家庭はいくらでもあるだろう。だが私にとっては、しもの家の楽しくにぎやかな食卓こそ最高のごちそうであり、「一家和楽《わらく》」の縮図《しゅくず》だった。

幼稚園時代から始めた新聞配達

七人きょうだいの長男である私は、「男は鍛《きた》えてこそナンボ」という父の教育方針のもと、幼いころから厳しく育てられた。幼稚園の年長になったころから、父にくっついて早朝から新聞配達を手伝うようになった。

新聞配達をすれば、心も体も鍛えられ、たくましくなる。厳しい坂道など、父は密《ひそ》かに大変な配達先ばかりを選別して私に割り振っていた。父なりの愛情だったのだろう。そんなこととはつゆ知らず、幼いころの私は「大変な道ばかりだなあ」と、早朝からせっせと新聞配達に汗を流した。

早朝に起きるのはもちろんつらい。寝入っている私を起こすのは母だ。母は立っている子どもの洋服を着替えさせる名人だった。寝ぼけたままの私も、玄関のドアが開いた瞬間、その寒さで目が覚めることがたびたびあった。

真冬の早朝、まだ外は真っ暗だ。母は自転車に新聞をくくりつけると「いってらっしゃい！」と、暗闇《くらやみ》の恐怖に慄《おのの》いている私の背中を押してくれた。雨の日もあれば、大雪や台風の日だってある。しかし、どんな悪条件だろうと、購読者の新聞を濡《ぬ》らしたり、汚《よご》すことはできない。新聞配達に手抜きは許されなかった。

あれは小学生になってすぐのころだったと思う。ある日、大失敗をやらかしてしまった。配達を終えたつもりで家に帰ってくると、配り終えていない新聞が一部だけ手元に残ってしまったのだ。

名簿を片手に毎回チェックしているわけではないから、いったいどこの家に配達を終え、どこの家に配り忘れたのか見当もつかない。「困ったなあ……」と途方《とほう》に暮れながら家に帰り、自分の失敗について正直に告白できずにモジモジしていた。

するとそこに「今日の新聞が入っとらんよ！」という電話がかかってきたのだ。

「なんばしよっとか！」

「いまから新聞を入れ忘れた家に行って謝ってこい！」

不安と情けなさで大泣きしながら、真っ暗な道をトボトボと歩き始めた。するとすぐに、後ろからバイクのエンジン音が鳴り響く。

「ドドドッ、ドドドッ、ブオーン！」

　父が乗ったバイクは、失敗をした息子の行く先を明るく照らし出してくれた。新聞を入れ忘れた家に到着したときの父の振る舞いは、いまでもよく覚えている。配達をしそびれたのは私なのに、まるで自分が悪いかのように、購読者に深々と頭を下

〈コラム〉　家族が見た「しもの六太」①

下野 正人（父）
下野 久美子（母）

（父）息子は小さいころから足がダントツに速く、かけっこはいつも一番。小学生時代にやっていた柔道では、一つ上の学年の子に次々と勝ちよりました。

　小学生のころからみんなを引っ張っていくムードメーカーでしたね。何にでも熱中する性格で、目標にして向かって努力をずっと続けていました。将来のことも、自分で「体育の先生になる！」と決め、塾《じゅく》にも行かず一人で勉強して大学へ進学し、一人前の人間になってくれました。

（母）わが家は本当に貧《びん》乏《ぼう》でしたから、子どもなりに気を遣《つか》っていたのでしょうね。「お小遣いをちょうだい」なんて言われた記憶はありません。

　外食に出かけることもなく、食事は全部私の手作りでした。少しくらいわがままを言ってもいいのに、食べ物の好き嫌いも全然なくて、まったく手がかからない優しい子でした。

げてお詫《わ》びをした。謝罪が済むと、父はそれ以上、私を責《せ》めることはなかった。

帰り道、父のバイクの後部座席にまたがり、温かい父の背中の大きさを感じながら、家路《いえじ》を急いだ。

築一〇〇年の家でストーブのない冬を越す

父の教育方針はたった一つ、「とにかく体を丈夫に鍛えろ」だった。自由な家庭に育った幼いころの私は、勉強なんてそっちのけで遊び回っていた。

わが家は、私が高校に進学するまでの間に、合計八回は引っ越したと記憶している。小学生になってからは、ずっと太宰府《だざいふ》市内で暮らした。自宅の近くには、七世紀に唐《とう》と新羅《しらぎ》の攻撃から防衛するために造られた巨大な「水城跡《みずきあと》」がある。「水城跡」を探検するのもおもしろかったし、山や川、森林など遊び場はいくらでもあった。豊かな自然に囲まれた故郷で、私は思う存分、遊び回った。

スポーツも小さいころから大好きだった。小学生時代は野球に熱中した。板切れや木の枝をバット替わりにして、ゴムボールを打つ。革製《かわせい》のグローブなんてなくても、野球選手気分で大いに野球を楽しめた。中学生になると、ますます野球に夢中になって野球部のキャプテンを務めた。

本当は高校でも野球部に入って甲子園を目指したかったのだが、私が進学した県立筑紫《ちくし》高校には野球部がない。そこで高校時代はサッカーに熱中し、夏のインターハイや冬の全国大会を目指してグラウンドを走り回った。

一〇代のころのわが家は、どの家庭より貧しかった。狭い家は炊事場《すいじば》が昔ながらの土間《どま》になっていて、トタンで囲まれた掘《ほ》っ立《た》て小屋だ。

築一〇〇年超《ご》えといわれるボロ屋は、あまりにも古すぎて、見るからに傾《かたむ》いている。屋根裏部屋の窓が四角形ではなく平行四辺形になってしまい、窓ガラスとの間に三角形の隙間《すきま》ができているのだ。夏にはゴキブリやムカデ、蚊《か》が入り放題だった。冬になると、窓の隙間から雨・

〈コラム〉　家族が見た「しもの六太」②

白水　咲子（姉）

小学校時代、ロックン（六太）が夕暮れに帰ってきて「ただいま！」という声が聞こえたのに、一向にリビングに現れないんですよ。どうしたんだろうと思って玄関に見に行ったら、靴を片っぽうだけ脱いで玄関でグーグー寝ていました。玄関で力尽きて眠ってしまうぐらい、一日中一〇〇％、力を出し切ったのでしょうね。

高校時代から「日本一の教師になる！」と決めていたロックンは、やると決めたら必ずやる。有言実行の弟でした。

風や雪がビュービューと容赦《ようしゃ》なく入りこんでくる。しかも真冬でもストーブすらない。ジャージの上にオーバーを羽織《はお》り、さらに毛糸の帽子《ぼうし》をかぶって軍手《ぐんて》をつけ、家の中でも完全武装で寒さをしのいだ。

幸いわが家は九人の大家族だ。ストーブがない真冬はとても寒かったものの、寝るときには九人がくっつけばポカポカする。「天然湯たんぽ」のぬくもりに包まれながら、貧しくもたくましい少年時代を過ごした。

自転車にまたがり九州一周の旅

わが家はとにかく貧しい大家族だったが、「ボロは着てても心は錦《にしき》」との心意気で、愉快《ゆかい》でにぎやかな日々だったことをよく覚えている。思い返せば、私はつくづく家族に恵まれた。自由奔放《ほんぽう》に伸び伸びと過ごすことができた。

中学校を卒業するとき、両親に頼んで九州一周旅行に行かせてもらったことは金の思い出だ。安く泊まれるユースホステルの宿泊代と最低限の食費だけを出してもらい、男友だちと二人で自転車に乗って九州を一周した。

初日は太宰府から長崎まで一気に走破《そうは》し、二日目は熊本県の阿蘇《あそ》に入った。三日目は大分県の別府《べっぷ》、そこから宮崎県の日向《ひゅうが》、日南《にちなん》、鹿児島県の志布志《しぶし》を回り、熊本県の天草《あまくさ》に渡ってから再び福岡県に戻り、太宰府に帰ってきた。合計一〇日間の大旅行だ。長いときは一日一八〇キロも走った。

一番キツかったのは、二日目に走った阿蘇の上り坂だ。ここは心臓破りの坂とばかりに、厳しい傾斜《けいしゃ》がずっと続いた。阿蘇から別府までの下りと上りもキツかった。さすが「九州の屋根」と呼ばれるだけのことはある。あのエリアを自転車で横断したのは、中学三年生にとっては無謀《むぼう》だが楽しいチャレンジだった。

車で九州を一周するのも楽ではないが、自転車には自転車にしかない喜びがある。もともとアウトドアスポーツや旅が性《しょう》に合っているのだろう。雄大な自然の風景を眺《なが》めながら、心を空《から》っぽにしてひたすら走りに走る。この清々《すがすが》しさはこのうえもない。

情熱の体育教師にあこがれた高校時代

県立筑紫高校に進学した私は、のちの人生を決定づける二人の恩師と出会う。一人は体育科の城戸英敏《きどひでとし》先生、もう一人はサッカー部の顧問を務める城戸晴紀《はるき》先生だ。

城戸英敏先生はラグビー部の顧問を務める熱血教師であり、眼光がギラリと鋭《するど》い。触《さわ》ればヤケドしてしまうほどの大情熱家だ。

城戸晴紀先生も、教員という仕事に強い情熱と誇《ほこ》りをもっていた。決して生徒を分《わ》け隔《へだ》てすることなく、だれに対しても平等に励ましてくれた。

私が惹《ひ》きつけられたのは、二人の先生による具体的で理論的な教育法だ。跳《と》び箱ひとつとっても「気合いで跳べ！」とか「もっと勢いをつけろ！」とか、根性主義の精神論には走らない。どういうタイミングで踏み切れば、より高く跳べるのか。跳び箱に手をつく位置はどのあたりがベストなのか。理屈に基《もと》づいて先生の言うとおりに実践してみると、びっくりするほど自分の動きが改善される。

むやみやたらに怒鳴《どな》り散《ち》らすことなく、楽しく快活に生徒を激励する。うまくいかないところがあれば、どこがまずいのか、だれにでもわかるように説明してくれる。

「こんな体育教師になりたいなぁ……」

「理論と実践」「情熱と達成感」を生徒に与える体育教師の仕事に、私は次第に強い魅力を感じ始めていた。

高校三年生の春、進路選択の時期が訪れた。大学に進学して教員になりたい。しかし、七人きょうだいの長男である私が進学するとなると、しもの家の家計は圧迫される。私の心は揺れた。「大学なんて無理だ。すまんが働いてくれ」と言われてもおかしくない環境であった。

ある日、居住《いず》まいを正し、両親の前に正座して頭を下げた。

「将来は体育の先生になりたいと思っとるけん。先生になるために、大学に行くことを認めてください！」

すると父は微動《びどう》だにせず、凛《りん》とした姿でたった一言、「わかった」と答えた。あのときの光景を思い出すと、いまでも感謝の思いが湧《わ》き上がってくる。

両親は「教員になりたい」という私を引き留めなかった。大きな心で後押ししてくれたのだ。

故郷を離れ、島根大学へ進学

私立大学の入学金は、当時の金額で二〇万円、そ

〈コラム〉　家族が見た「しもの六太」③

下野進（弟）

兄は小さいころから負けず嫌いで、トランプにしてもオセロにしても、自分が勝つまで何度でもチャレンジします。

野球部やサッカー部ではキャプテンを務め、リーダーとして多くの人を引っ張る能力が高かったのでしょう。人の上に立ったからといって、偉そうにしたり、だれかをいじめたことなんてない。私から見た兄貴は「努力の天才」です。

のほかに授業料が年間四〇万円はかかる。初年度だけで六〇万円もの学費がかかることを考えると、「私立大学へ進学」という選択は早々に消えた。学費が安い国立大学へ行くほかない。

全国高校サッカー選手権を目指し、高校三年生の私はサッカーに夢中だった。福岡県大会の一回戦で負けてサッカー部を引退したのは、三年生の一〇月のことだ。気持ちを受験モードに切り替え、本格的に受験勉強に取り組み始めると、すでに一一月に入っていた。なんとかして、国立大学にストレートで合格しなければならない。浪人して予備校に通うようなことになれば、家族みんなを苦しめることになる。妥協《だきょう》して滑《すべ》り止めの私立大学に進学するのは、わが家の家計では不可能だった。まさに背水《はいすい》の陣《じん》だ。

私は、無我夢中《むがむちゅう》で受験勉強に挑戦した。そして合格したのだ。

合格通知と一緒に振込用紙が郵便で届いた。入学金一二万円、半年分の授業料一〇万八〇〇〇円、合計二二万八〇〇〇円だ。おそるおそる振込用紙を見せると、父はこともなげにこう言った。

「明日にでも振り込んどくけん」

貧乏なわが家にとっては、清水《きよみず》の舞台から飛び降りるような多額の出費だったであろう。息子の夢を叶《かな》えるため、骨身《ほねみ》を削《けず》って学費を捻出《ねんしゅつ》してくれた両親には、深く、深く感謝している。

こうして一九八三年四月、私は生まれて初めて故郷を離れ、国立の島根大学教育学部に入学することになった。

レストランの皿洗いで生活費を稼ぐ

島根大学に入学してからの私は、①勉強②サッカー部③アルバイトという三足のワラジを履《は》く大忙しの毎日を送った。

入学金と半年分の授業料だけは払ってもらったものの、これ以上、親のスネをかじるわけにはいかない。入学早々、大学に授業料免除の申請《しんせい》を出した。すると幸い、残り三年半の授業料は全額免除してもらえたうえに、高校のときから申請していた毎月二万六〇〇〇円の特別奨学金《しょうがくきん》が支給された。

だが、もちろん奨学金だけではとても生活できない。大学に入学するや否《いな》や、学生課を訪ねてアルバイトの貼り紙を探した。学生生活に慣れる心のゆとりもないまま、ファミリーレストランで皿洗いのアルバイトを始めた。時間は夜七時から一〇時までの三時間、時給は六〇〇円だ。うれしいことに、アルバイトが終わったあとには賄《まかな》い用の夕食を食べられる。つまり皿洗いがある日は、一食分の食費が浮く。こうして大学一年生の私は飢《う》えをしのぎ、昼間はパンの耳をかじりながら学業に勤《いそ》しんだ。

サッカー部の練習が終わったあと、夜中に工事現場の交通整理をやったこともある。深夜の道路工事の現場で、赤い棒をひたすら振り続ける仕事はキツイ。しかし、幼稚園時代から新聞配達で鍛えていたおかげで、これしきの肉体労働でへこたれる私ではなかった。

居酒屋のアルバイト、NHK松江放送局で務めた照明アシスタントなど、いくつものアルバイトをたくましくこなした。経済的に恵まれていなかったおかげで、学生時代にはこのように多くの社会勉強ができた。

教員採用試験に二度の不合格

教員採用試験は、現在も昔も狭き門だ。故郷・福岡県での中学校教諭〈保健体育科〉の採用試験の倍率は、当時一〇倍だったと記憶している。全国の平均倍率は五・五倍だったから、福岡県で体育の教員になるのはその二倍という難関だ。

サッカー部やアルバイトに多くの労力をつぎこんだせいで、教員採用試験の受験対策は明らかに遅れていた。大学四年次の教員採用試験では見事に不合格。大学入試のように一発合格とはならず「就職浪人」という重い四文字が目の前に立ちふさがった。

そこで卒業論文を仕上げ、一九八七年三月に島根大学を卒業すると、そこから「聴講生《ちょうこうせい》」という形でしばらく大学に居残り、四カ月後に迫った教員採用試験に再チャレンジすることにしたのだ。

なんとしても、教員になる夢を叶えなければならない。毎日一〇～一二時間、ねじり鉢巻《はちまき》をして勉強に明け暮れた。勉強に熱中しすぎて、何度徹夜したかわからない。

1985年、全日本大学サッカートーナメントにて（中央左）

ところがこの年の教員採用試験では、筆記試験で落ちてしまった。
「冬は必ず春となる」という言葉がある。「闇《やみ》が深ければ深いほど暁《あかつき》は近い」とも言う。たった二度くらいの挫折《ざせつ》で、夢をあきらめてなるものか。私は三たび奮《ふる》い立った。

捲土重来を期す

一九八八年四月、私は福岡県の春日《かすが》市立春日東中学校で常勤講師として体育の授業を担当することになった。働きながら、教員採用試験に挑み、三度目の挑戦で正式採用を目指すのだ。

学生時代に経験した教育実習でさえ、寝る時間もろくにないほどの忙しさだった。非常勤講師としての現場の仕事は、それ以上に過酷《かこく》だった。毎日の授業だけでなく、学校で催《もよお》されるさまざまな行事の役員や生徒指導も同時並行でやらなければならない。教員採用試験の準備のために残された時間は、深夜や休日しかなかった。

私は必死だった。学校から自宅に帰ると、ご飯を食べる以外の時間はひたすら取りつかれたように勉強に没頭《ぼっとう》した。そして、この年の七月、一次の筆記試験をクリアした。九月の面接試験を経て、秋の終わりに一本の電話がかかってきた。電話の主は福岡県教育委員会だ。

「しものさんですね。教員採用試験に合格しました。おめでとうございます！」

三度目の正直で、ついに教員採用試験に合格したのだ。一〇代のころからの夢だった、体育の先生にとうとうなれる。電話を切った瞬間、私は我《われ》を忘れて叫《さけ》んでいた。

「やった！　やったばい！　受かった！　俺、とうとう試験に受かったばい！」

こうして一九八九年春、私は正採用の保健体育科教諭として中学校の教壇に立つことになったのだ。

第2章 一人も置き去りにしない

新米先生の空回り

一九八九年四月、私は福岡県筑紫郡《ちくし》にある那珂川《なかがわ》町立那珂川南中学校に赴任《ふにん》し、中学校教師としての仕事を本格的にスタートさせた。着任一年目から、早速一年生の担任を任された。経験が乏《とぼ》しい新米《しんまい》先生が、最初から順風満帆《じゅんぷうまんぱん》なはずがない。教員一年目にして、私はいきなり大きくつまずくことになる。

島根大学を卒業し、教員採用試験に二回連続で失敗し、やっと中学校教諭になれたのだ。教員採用試験に合格したときには、それこそ天にも昇るような気持ちだった。張り切って那珂川南中学校に赴任した私が、なぜどん底のスランプに陥《おちい》ったのか。

「こら、何をしおうとや！　走れ、走れ！　もっと全力で走らんか！」「本気を出せ！」

ついこの間まで小学生だった中学一年生を前に、私はやたらめったら元気にうるさく声を張り上げ、完全に空回《からまわ》りしていた。

多感な生徒たちをただ怒鳴《どな》り散《ち》らしたところで、うまくいくはずがない。怒鳴れば怒鳴るほど生徒たちの心は離れ、新米先生の言うことはだれも聞かなくなる。

「努力と情熱さえあれば何でもできる」と過信していたのだろう。「俺はこんなに努力しているのに、なんでみんなわかってくれないのだ」と不満だった。

自分の熱い思いを一方的に押しつけるのではなく、子どもたちの声にも耳を傾《かたむ》けながらほどよい距離感を築かなければ、お互いに信頼関係が生まれるはずもない。

学級崩壊寸前状態でできた円形脱毛症

中学一年生の一学期も終わらないうちから、早くも私のクラスはメチャクチャになった。いくら声を張り上げても子どもたちに気持ちが通じず、クラスには重い空気がどんより漂《ただよ》っていた。

「さっさとやらんか！」「グズグズするな！」

イライラすればするほど、悪循環はさらに繰り返される。生徒は大人の真意を驚くほど鋭《するど》く見抜く。自己中心的な「やる気と善意の押しつけ」が、多感な子どもたちに通用するはずもない。

「しゃあしいなあ」（うるさいなあ）、「せからしい」（せきたてられて気ぜわしい）という九州独特の方言が、クラスのあちこちで飛び交うようになった。

「自分は教員に向いていない」

最悪の毎日を送りながら、精神的にどんどん追い詰められていった。

あるとき、理髪店で散髪中に「お客さん、ハゲができとるよ」と言われて衝撃を受けた。普段は鏡で自分の顔しか見ていないから、後頭部がどうなっているかなんて気にしたことがない。

「ほら、ここを触《さわ》ってみて」と言われて後頭部を触ってみると、一〇円玉くらいの大きさのハゲが三つもできている。ストレス性の円形脱毛症だ。あまりにも強烈なストレスがかかり、精神的に相当まいっていたのだろう。

毎朝、学校の校門が見えてくると、Uターンして家に帰りたいと本気で思っていた。職員室から教室に向かう廊下《ろうか》は、まるで監獄《かんごく》へ向かう一本道のようだった。

「ああ、今日もまた地獄の一日が始まる」

教員生活は華々《はなばな》しく成功に満ち満ちているどころか、苦闘の連続だった。一番苦しかったのは最初の二年間だ。何をやってもうまくいかず、空回りで、もがき苦しみ、いつ辞めてもおかしくなかった。

「辞められる条件さえ揃《そろ》えば、いつでも退職願を出して教員なんて辞めてしまおう」

そう思っていた。

「俺は一流の教師になる！」と勇んで現場に入ったものの、一流どころか普通の教員にすらなれない。担任を三年間務め、初めての卒業生を送り出すときに満足のいく仕事ができなかったら、教員はキッパリ辞めようと決めた。

学級通信「ヒューマン」でクラスを再生

「今年ダメなら教員は辞めよう」と決めてからは「最後の一年間は悔《く》いのないようにやろう」「いままで以上に努力するのだ」と開き直れた。

まず、学級通信を「ヒューマン」（人間）という名前に変えた。未完成の教員が、未完成の生徒たちと一緒に、ともに人格の向上を目指す。ともに目標に向かって努力して歩んでいく。「人間主義の教育」を実践しようと心に決め、タイトルを「ヒューマン」にした。そして、この一年間で「ヒューマン」を一〇〇号出そうと決めた。休日を除けば学校は年間二〇〇日あるから、二日に一回は出さなければならない。

第一号のタイトルは「大感動の一年にしよう！」だ。クラスを六班に分け、「ヒューマン」に班ごとの生徒たちの反応や声を丹念《たんねん》に記録していった。

気持ちがバラバラだったクラスが、学級通信を何号か出すだけでガラリと変わるわけもない。とりわけ、あるツッパった女子生徒との距離感には苦労した。彼女は新米先生の私を試すかのように、聖子ちゃんカット（松田聖子を真似《まね》た髪型）で登校し、教室で整髪料をつける。朝のホームルームのたびに、彼女と激しい言い合いになってクラスの雰囲気が悪くなる。「いい加減にせい！」と私の堪忍袋《かんにんぶくろ》の緒《お》が切れると、彼女も憤然《ふんぜん》と席を立って教室から出て行ってしまったこともあった。

そんなとき、たまたま目にしたある教育者の言葉が目に飛び込んできた。

「子どもにとっての最大の教育環境は教師自身である」

ハンマーで頭を殴《なぐ》られたような衝撃を受け、横《よこ》っ面《つら》を叩かれたような気がした。

「俺はいままでいったい何をやってたんや。まず自分が変わろうとせんで、生徒ばかりに反省と改善を求めていたんじゃないか」

教員自身が身勝手で愚《おろ》かなのに、生徒たちが応《こた》えてくれるわけもない。教員である自分自身が変わることが、何よりもまず求められていたことなのだ。

そこから大きく潮目《しおめ》が変わった。私の心が変わった結果、生徒の心と態度も徐々に変わり始め、クラスに数々のドラマが巻き起こったのだ。

毎日クラスで起きるドラマを、「ヒューマン」に飾らず記録した。すると保護者の間で「今日のヒューマン見た?」という対話が始まったのだ。

教員の声、生徒の声、保護者の声を全部掲載する「スリーウェイ（三方向）方式」の学級通信は、熱気を帯《お》びていった。

「次のヒューマンには、だれの話を載《の》せると?」

「先生は意外と文章がうまいんやねえ」

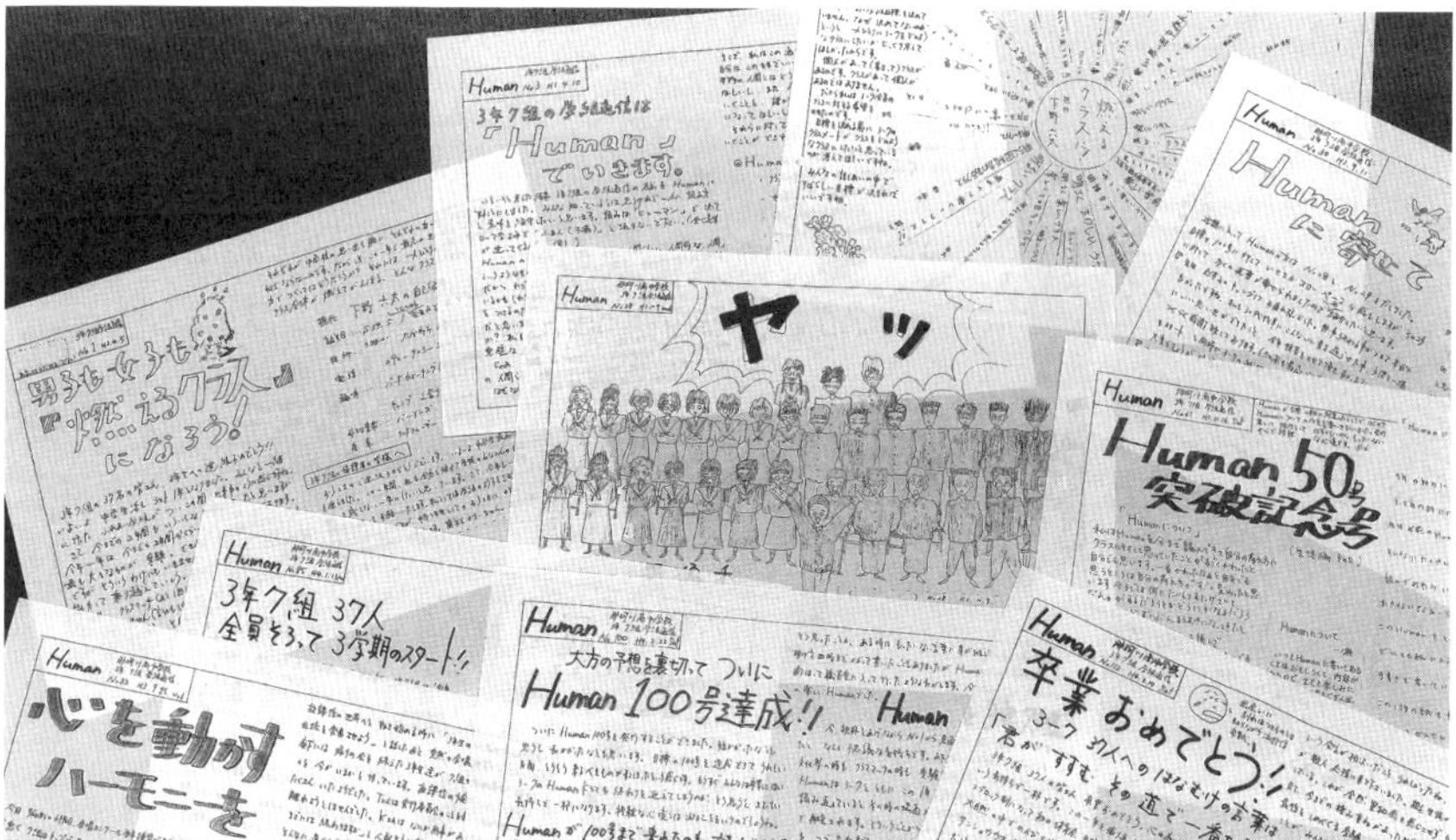

30年間の教員生活で2000号を超えた学級通信「ヒューマン」

そんな会話が自然にクラスに生まれるようになった。聖子ちゃんカットで私とぶつかっていた女子生徒とも、驚くほどスムーズにコミュニケーションが取れるようになったのだ。

数年後、私は彼女の結婚式に主賓《しゅひん》として招待され、花嫁姿を目にして感無量だった。

不登校の生徒を絶対に置き去りにしない

「ヒューマン」発行によってクラスに活気が生まれる中、学級通信に登場できない生徒がいた。中学一年生、二年生とずっと不登校が続き、三年生になっても学校に来られない男子生徒がいたのだ。

思い悩んだ私は、中学二年生の夏休みに運転免許を取って、ランドクルーザーを買った。幌《ほろ》をはずすと、フルオープンで気持ちよく走れるジープのような車だ。

「この車で遊びに行こうと誘えば、不登校の彼もきっと来てくれる」と確信していた。

家庭訪問に出かけて「先生の車に乗って遊びに行こうや！」と誘うと、彼を家から外に連れ出すことに成功した。密《ひそ》かに連れ出し、二人で何度も野山を駆《か》け巡《めぐ》ったものだ。

当時はちょうどマウンテンバイクが流行《はや》っていたので、自転車が好きな生徒にも声をかけ、その彼を野山まで連れ出してもらったこともある。

また、翌年の夏休みには、私と十数人の生徒たちでキャンプを企画した。キャンプ場の近くの川に、天然のサンショウウオが棲《す》んでいた。サンショウウオが見つかれば、みんなきっと大喜びするに違いない。この目論見《もくろみ》は的中した。

早起きして朝からキャンプ場に繰り出し、「サンショウウオを探すぞ！」とみんなに声をかけると、足が生《は》えているオタマジャクシのようなサンショウウオがたちまち見つかった。初めて見る天然のサンショウウオに、みんな大騒ぎだ。

不登校の生徒も参加した夏の思い出は、もちろん「ヒューマン」に載せた。彼はこうして、クラスのみんなと愉快《ゆかい》な夏の思い出を作れたのだ。

夏休みを経て二学期になっても、彼はまだ学校には来れなかった。ところが奇跡が起きた。三年生の三学期、彼はとうとう不登校を克服して学校に通えるようになったのだ。

置き去りにしていい生徒なんて一人もいない。不登校の彼が学校に復帰できたことは、クラス全員の大勝利だった。こうして私たちは、最高の卒業式を迎えた。

八クラスあった学年の中で、私のクラスだけで胴上《どうあ》げが起きた。保護者と生徒が一体になって、みんなから胴上げの祝福を受けたのだ。

「退職願を出して教員を辞めよう」とまで思い詰めていた私は、「子どもにとって最大の教育環境は教師自身である」という一言に救われたのだった。

学校はいじめがないのがあたりまえ

私はオリジナルの教育実践を大切にした。これはのちに体育における「ST」（スモール・ティーチャーの略）の原型になるのだが、国語、数学、社会、理科、英語、音楽、技術、保健体育のスペシャリストを、立候補と推薦で二人ずつ決める。

帰りの会で、各教科のスペシャリストがその日の授業の復習を黒板に簡単にまとめ、三〇秒から一分で簡潔に説明する。「今日の授業のポイントはここです。これとこれを覚えてくださいね」とおさらいするのだ。

このまとめ方があまりにすばらしく、私は消してしまうのがもったいないと感じるようになった。そこで黒板ではなく模造紙に書くようにし、テストの直前になると模造紙をダーッ！　と教室に貼り出して、みんなで復習するようにした。すると驚くべきことに、クラスの平均点が、一気に上がったのだ。

教員と生徒の間には年の差があるから、どこかで遠慮や迷《まよ》いが生じる。スペシャリストは同い年のクラスメートだから、もしわかりにくいところがあれば、納得できるまでとことん教えてもらえばいい。スペシャリストの生徒はみんなのために時間を割《さ》いて教え方を工夫し、クラス全員が一丸となって真剣に楽しく学ぶ。こういうクラスだったから、私が受けもつ生徒の中ではいじめが起きたことはなかった。

何十年にもわたって、日本全体でいじめが社会問題になっているが、最初から「いじめをゼロにすることはできない」などと、あきらめてはならないと思う。学校においては、「いじめがない」状態を、あたりまえの基本ラインにしなくてはいけないと、私は常に心を砕《くだ》いてきた。

「『わからないところ』がわからない」という心の叫び

あれは教員になって一〇年目のころだったと思う。授業でハードル走を教えているとき、一人の生徒がドキッとする一言を口にした。

「どこをどうしたら、うまく跳《と》べるようになるんか。全然わからん」

自分では、ハードルの跳び方をわかりやすく教えているつもりだった。なのに、足をガンガンぶつけてハードルを倒してしまい、ちっともうまくならない生徒が現実にいる。「なぜこの子は俺の言うことを理解できないのか」と、いつの間にか傲慢《ごうまん》な心が芽生《めば》えてしまっていた。

「『わからないところ』がわからない」――これほどつらいことはない。暗闇《くらやみ》の中を歩くように不安な生徒を、どうすれば光の方向へ導《みちび》いてあげられるのか。生徒の一言をきっかけに、私は「だれにでも実践できる体育」を研究し始めた。そしてとうとう、体育科教諭としての大きな転機が訪れる。

二〇〇六年四月、福岡教育大学附属久留米《くるめ》中学校で長期研修の機会を与えられた。私が長年温めてきた体育教育の構想を、ここで一年かけて「実験証明」してみようと思ったのだ。

どうすれば、すべての生徒が陸上選手のようにハードルをスイスイ跳べるようになるのだろう。一計を案じた私は、ビデオカメラを使って「つまずきビデオ」と「示範《しはん》ビデオ」を作った。

問題は視聴覚機器だった。四〇人の生徒が一度に見られる大型テレビを買い入れるわけにもいかない。ポータブルＤＶＤプレイヤーも、電化製品の低価格化が進んだ現在と違って、当時は一台数万円もする高級品だった。その機器を六台も買わなければいけなかったのだから大変だ。だが、使うべきときに思いきって私財を投じなければ、大きな後悔を残す。悲壮な決意をして、ポータブルＤＶＤプレイヤー六台を自費で購入した。この映像機器を武器に、「だれにでも実践できる体育」を「実験証明」するのだ。

この取り組みは、予想以上に大きな成果をもたらした。

「つまずきビデオ」と「示範ビデオ」

ＤＶＤプレイヤーは六台ある。生徒六、七人ごとにグループを作り、グループごとにＤＶＤプレイヤーを自由に使えるようにする。失敗例を「つまずきビデオ」でチェックし、成功例を「示範ビデオ」で確認しながら、まずいポイントをチェックして、バランスを修正していくのだ。

通常の授業では、映像機器を使うとしても、ハードルをうまく跳ぶ人の事例を観《み》るだけだろう。これでは「『わからないところ』がわからない」と困っている生徒が、自分の弱点を修正するどころか、弱点を見つけることすらできない。

ハードルで一番重要なのは、足運びのリズムだ。タイムを上げようと焦《あせ》り、ただガムシャラに走ったところで、ハードルに足をぶつけてタイムはどんどん落ちてしまう。足運びのリズムをチェックしてバランスを修正していけば、ハードル一つごとにどういうタイミングで足を振り上げればいいか、抜き足をどうすればいいかというコツがつかめる。

一足先にうまくなった生徒には「ＳＴ《スモール・ティーチャー》」として「小さな先生」役を務めてもらう。こうすれば仲間同士の結束も深まる。

驚くべきことに、自信がないと言っていた生徒が、たった一コマの授業が終わるまでに、軽やかにハードルを跳ぶ事例が続発した。全部で八コマの授業を終えるまでに、すべての生徒が「示範ビデオ」の見本になるほどきれいにハードルを跳べるようになったのだ。

運動嫌い、ハードル嫌いだった生徒の表情が、みるみる輝き始めた。

「やればできる！」

自分の可能性を知った生徒の喜びが、体育の授業を通して爆発した。とうとう私は「実現したい体育の授業」にたどり着いたのだ。

「人間、やればできる！」

「先生は君たちが卒業するまでに、全員がクロールで一〇〇〇メートル泳げるようにしたい。いいか！　一人残らず全員、先生が必ず泳がせてみせるけんね。人間、やればできる！」

二〇〇八年四月、体育科教諭の私は、春日南《かすがみなみ》中学校（福岡県春日市）の新入生に宣言した。

「あの先生、何言うとると。そんなこと、できるわけないやん」

「一〇〇〇メートルって言ったら、二五メートルのプールを四〇回も泳がないかんやろ。俺なんて二五メートルも泳げんとよ」

中学一年生だと思ってバカにしている、あの先生は大ウソつきだと言わんばかりにザワザワし始めた。私は、自身の決意を込めて生徒に語りかけた。

「大丈夫！　最初からできんと決めつけたら何もできん！　できると思って努力したら必ずできるようになる！　一緒に挑戦しようや！」

春日南中学校で私が担当していた一学年の男

子生徒は、全部で七五人いた。もちろん小さいころからスイミングスクールで鍛《きた》えていた生徒の中には、私が手取り足取り指導しなくてもすでに一〇〇〇メートル泳げる者もいる。

二五メートルをかろうじて泳ぎ切れる生徒が一〇人、二五メートルにはとても届かない生徒が一五人、このうち七、八人は一〇メートルすら泳げない。つまり七五人のうち三分の一が、人生において二五メートルを一度も泳ぎ切れたことがないのだ。

ここから「不可能を可能にする戦い」「やればできる」の挑戦が始まった。

すべての生徒を泳げるようにしてみせる

泳ぎが苦手な生徒には、例外なく共通した特徴がある。息継《いきつ》ぎがうまくできないまま、無理やり泳ごうとすることだ。人間はエラをもつ魚ではないから、息ができなければ苦しくて動けなくなってしまう。

二五メートルを泳ぎ切れない生徒を観察してみると、彼らはまず思いきりプールの壁を蹴《け》る。力の限り、バタ足で水を蹴り、ひとかき、ふたかきと腕をかく。うまく息継ぎできないまま、必死で前へ進もうとする。これではせいぜい一〇メートルで泳ぎが止まってしまうのは当然だろう。

「しもの式体育」は、あくまでもシンプルだ。長い距離を泳げるようになるコツはズバリ「確実に息継ぎをする」。

五メートルを着実に泳げさえすれば、一〇メートル、一五メートル、二五メートルと泳げる。二五メートルさえ着実に泳げれば、五〇メートル、七五メートル、一〇〇メートルも夢ではない。とはいえ、水に顔をつけるだけで恐怖心に駆《か》られてしまう生徒もいる。私は無理やり結果を焦るのではなく、時間をかけて粘《ねば》り強く生徒と向かい合った。

最初は水に顔をつけた状態で、三歩、四歩と水の中を歩く。ビート板や足にくくりつける補助器具を使いながら、息継ぎのコツを体に叩きこむ。

「ゆっくりでいいぞ」「もっとゆっくりでいい」「バタ足じゃなくていいんだぞ。パタパタ足でいいんだ。足はパタパタゆっくり蹴るだけにして、とにかくしっかり息継ぎをしような」

何回も何十回も生徒に声をかけながら、一年目、二年目が過ぎていった。

一人を支える「ST」制度

「しもの式体育」は、先生がピラミッドの頂点に君臨《くんりん》し、生徒が命令に従う上意下達《じょういかたつ》方式ではない。たった一人の生徒さえも置き去りにしないのが「しもの式体育」の真骨頂《しんこっちょう》だ。

また、「しもの式体育」は、「できる生徒」も「できない生徒」も同じフィールドで目標へ向かって歩む。「できる生徒」は「ＳＴ《スモール・ティーチャー》」として、「できない生徒」の横についてアシスタントを務めるのだ。

水泳が得意な生徒は「できない子」のフォームを手取り足取り矯正《きょうせい》し、二五メートル、五〇メートルと泳げるようにする。「できない子」から「できる子」に変わった生徒たちは、今度は「ＳＴ」として「できない子」を手助けしてあげる。

泳ぎが苦手な生徒をバカにしたり、あざ笑うどころか、生徒は私が面食《めんく》らうほど真剣に、一生懸命に仲間を助けてくれた。

「なんとかして、目の前の人を泳げるようにしたい」

一人ひとりの責任感が、授業にものすごい一体感を生んでいった。

「がんばれ！」「あと一息や！」「ようがんばったな！」「すごいやんか！」

私の水泳の授業では、励ましと勇気、心からの拍手と称賛が飛び交う。

「ありがとう！」「ありがとな！」

泳ぎが苦手だった生徒は、かつては「自分に二五メートルなんて泳げるわけがない」という卑屈《ひくつ》さを胸に秘めていた。そんな生徒が「ひょっとしたら自分にもできるかもしれない」と自信をもち始めるのだ。

教員と全生徒が一体となる「奇跡《きせき》の授業」が実現していく。

戦わずして負けるわけにはいかない！

中学二年生になると、学年七五人のうち四五人が一〇〇〇メートルを泳ぎ切ることに成功した。しかも残り三十人が、二五メートルを泳げるようになった。

それだけではない。中学三年生の一学期には、なんと学年のほとんどの生徒が一〇〇〇メートルを泳ぎ切ったのだ。

七五人中二人だけが、この目標をクリアできずにいた。どうにかして「クロールで一〇〇〇メートルを泳ぐ」という大きな目標を全員でクリアしたい。

彼ら二人は、かつて水泳が苦手で苦しんでいた私とそっくりだった。二五メートルを往復するまでは行けるのだが、五〇メートルを折り返したあと、六〇メートルちょっとで息切れしてしまうのだ。中学三年生の夏休みが終わり、九月一六日にはプール仕舞いになってしまう。タイムリミットは近づいていた。

「君は努力もせんと、最初から無理と決めつけとる。それが間違いや！」

「努力はウソをつかん。先生と一緒にがんばってみんか。な、がんばろう！」

もはやこれは、水泳ができるかできないかという問題ではない。戦わずして人生への挑戦をあきらめるか、それとも人生の試練に立ち向かうかという「人生観」の問題だった。

二〇一〇年九月一五日、最後の水泳の授業が終わった。この日の放課後、黙々《もくもく》と水泳に挑戦する生徒の姿があった。

「俺たちはまだ負けていない」

彼らの戦いはまだ終わっていなかったのだ。

あきらめたら試合終了

二〇一〇年九月一六日、放課後のプールに二人の男子生徒と私がいた。

「一〇〇〇メートルじゃなくてもよかよ。挑戦ばしてみらんね！　いいか。一回水をかくごとに、ちゃんと息継ぎをするんだぞ。焦らなくていいぞ。ゆっくり自分のペースで泳げ。泳いでるのか、浮いてるのかわからんスピードたい。バ、タ足じゃなくてパ、タ足やけんな！」

一人の生徒は一〇〇メートル、もう一人は六二メートルがそれまでの最高記録だ。彼らが中学三年間で最後の挑戦をしようとしている。どんな結果になろうが、彼らの挑戦を最大限ほめたたえようと決めた。

最後のクロール一〇〇〇メートルの挑戦が始まった瞬間、異変が起きた。二人の動きは、力が抜けて美しくしなやかなのだ。腕の動きもパタ足にも無駄な力が入っておらず、ゆったりとしている。二五メートル、五〇メートル、一〇〇メートル……。ホワイトボードにつける「正」の数が、着実に増えていった。

更衣室《こういしつ》にダッシュし、インターホンで職員室を鳴らした。

「すみません！　ビデオ！　ビデオ！　ビデオカメラをいますぐプールにもってきてください！　すごい奇跡が起きているんです！」

そうこうする間にも、二人の生徒は泳ぎ続ける。二〇〇メートル、三五〇メートル、五〇〇メートル……。「正」の字はどんどん増えていく。

「もっとゆっくり！　焦るな！　その調子や！」「がんばれ！　がんばれ！」

彼らの挑戦をビデオカメラで記録しながら、体がガクガク震える。八七五メートル、九〇〇メートル、九二五メートル、九五〇メートル……。そしてとうとう、奇跡の瞬間が訪れた。

中学三年生のプール仕舞いの日、とうとう学年男子七五人全員が一人残らず一〇〇〇メートルを泳ぎ切ったのだ。

「やった！　やったな！　やればできる！　やればできるやろ！」

人生あきらめたら、そこで試合終了だ。あきらめることなく挑戦さえし続ければ、越えられない壁なんてない。挑戦をやめない生徒から、決してあきらめず戦い続ける心を教えてもらった。「不可能」という名の重い扉《とびら》を開くのは、ほかのだれでもない。自分自身なのだ。

「世界一受けたい授業」にテレビ出演

私が実践した体育の授業は、各方面で大きな反響を呼んだ。そして、ありがたいことに身に余る評価をいただいた。

▼二〇一〇年度　読売教育賞「優秀賞」、福岡県公立学校「優秀教員表彰」、文部科学大臣「優秀教員表彰」

▼二〇一五年一一月　福岡県市民教育賞「教育者奨励賞」

▼二〇一七年二月　東書（東京書籍）教育賞・教育論文コンクール中学校の部「優秀賞」

二〇一〇年春の体育会（前述＝序章）をきっかけに、メディアの取材も相次いだ。二〇一〇年一二月には、九州朝日放送のニュースで特集されたのを皮切りに、ＮＨＫの全国放送「ニュースウオッチ９」で「驚異の体育授業」として特集された。

二〇一一年と二〇一三年には、バラエティ番組「世界一受けたい授業」（日本テレビ系列）に出演してタレントさんたちにマット運動を実践してもらった。二〇一一年三～

六月には、読売新聞に「やればできる！　下野式体育」が一一回も連載された。

そのほかにも、新聞やテレビの取材は数知れず、福岡の公立中学校から始まった「しもの式体育」が、全国区に羽ばたいたのだ。

私の教え子たちが、体育に特別優れた能力をもち合わせていたわけではない。どこにでもいる生徒たちが、いかに無限の可能性をもっているか。体育科教諭という仕事を通じて、私は人間がもつものすごい力にあらためて驚嘆《きょうたん》したのだ。

第3章 夢は必ず叶う

山登りとバードウォッチング

私にとって一番の趣味は山登りだ。もちろん幼いころから、地元にある山には手当たり次第に登ってきた。

教員になってからは授業以外に部活もあるし、時間が自由にとれず、好きな山登りがなかなかできない。もし「何でも好きなことをやってもいい」と言われたら、いますぐ北アルプスの上高地《かみこうち》へ出かけて二〜三日下りてこないだろう。

富士山は「登る山」ではなく「眺《なが》める山」だと思っているので、いままで一度も登ろうとしたことはない。そのかわり、北岳《きただけ》（三一九三メートル）、奥穂高岳《おくほだかだけ》（三一九〇メー

1993年、同僚の先生方と一緒に由布岳登山

トル)、槍ガ岳《やりがたけ》(三一八〇メートル)と、日本で二番目、三番目、五番目に高いアルプスの山々を制覇した。

これ以外にも、三〇〇〇メートル級の山は日本にたくさんある。「いま自分が雲よりも上にいる」というあの感覚は、何とも譬《たと》えようがないほど爽快《そうかい》だ。

山登りと合わせて、バードウオッチングと野草の観察も趣味にしている。野鳥の声は、何カ国語も使いこなせるマルチリンガルのように聞き分けられる。四カ所で同時に鳴かれても「あっ、これは〇〇だな」「こっちは△△だな」と鳥の名前が即座に頭に浮かぶ。シルエットや色、形を一瞬見ただけで、鳥の名前をスラスラ言える。

「忙中閑《ぼうちゅうかん》あり」と言うとおり、雄大な自然に包まれて思索《しさく》を深める時間を、これからも大事にしていきたい。

しもの家のソウルフードは「手羽先焼き」

わが家では、家族みんなで、いかに人生を楽しむか智恵をめぐらせてきた。庶民には経済的余裕はない。しかし、たとえお金なんてなくたって、ワイルドに人生を謳歌《おうか》することはいくらでもできる。ディズニーランドや遊園地には行けなくても、自然界のワンダーランドで存分に楽しんできた。
散歩や山登りをしていれば、野鳥や野草を自然と見分けられるようになる。そこから趣味が高《こう》じて庭いじりを始めるようになり、ハーブを育てるようになった。庭でちぎってきたハーブをスパゲティにトッピングすれば、まるでイタリアンレストランに出かけたように上等な料理ができあがる。

わが家のソウルフードは手羽先《てばさき》だ。手羽先をたくさん放りこんでスープやカレーを作れば、ダシがベースになって絶品の仕上がりになる。庭でバーベキューをやるときには、牛肉や豚肉がなくても手羽先が一番のご馳走《ちそう》だ。

バーベキューに慣れていない人は、手羽先を焼こうと思っても表面が焦《こ》げるだけで中にうまく火が通らない。弱い火力でもジリジリと内部まで火が通るのが、木炭ならではの強みだ。一般にガスの火の温度は八〇〇度といわれ、木炭の火の温度は一二〇〇度といわれるために、木炭の場合、強火の遠火がよいのだ。

本当においしいものとは、高級レストランだけではなく身近なところにもあると思う。まったくお金をかけず、素材を生かした真心こもるおいしい料理をこしらえる。これが、しもの家ならではの伝統だ。

愛する妻と三人の子ども

福教大附属久留米《くるめ》中学校で長期研修をしていたころ、「しもの式体育」を実践するためにポータブルDVDプレーヤーを自費で買ったときは大変だった。（前述＝第2章）最初は大失敗してしまった。同じ機種を六台も買ったために、六班にチームを分けて体育の授業をやっていると、リモコンがあちこちで反応してしまうのだ。「つまずきビデオ」や「示範《しはん》ビデオ」を自由に一時停止したり、再生したくても、これでは誤作動だらけで授業にならない。

この失敗に学び、次は全部違う機種を選んで買い直した。そうこうするうちに、累計《るいけい》で自動車を一台軽く買えるくらいの金額を生活費からつぎこんでしまった。

かけがえのない家族と（前列左から長女・正恵、妻・勝恵、次女・佳恵、後列左から私、長男・健太）

わが家には一人の息子と二人の娘がいる。三人とも私立高校に進学し、長女と長男は現在、私立大学に通っているから、たいへんな教育費がかかる。そんな中、「しもの式体育」のために大金を支払うのは並大抵のことではなかった。普通だったら「いい加減にしてよ。家計は火の車じゃないの！」と怒られてもおかしくない。

しかし、文句ひとつ言わずやりくりに努めてくれた妻には感謝が尽きない。妻はよく「お金があるかないかなんて二の次よね。気づいたときに、まわりにどれだけたくさんの信頼できる人がいてくれるかが一番大事だよね」と言う。

どこまでも庶民の中の庶民として、社会で這《は》いつくばって生きている家族を、私は心から誇《ほこ》りに思う。

五〇歳で大学院に進学

四〇歳を過ぎたころ、私は頭の中で、①中学校で現役の教員を続ける②中学校で管理職に進む③大学の教員を目指す――という三つの選択肢を模索《もさく》するようになった。「しもの式体育」の実践者でありつつ、日本全体の体育教育に貢献したいという願いもある。

そこで二〇一四年、五〇代にして福岡教育大学の大学院で修士号を取得しようと決意し、大学の近くにある中学校に異動させてもらった。夕方五時まで教員として働く。夕方六時からは、大学院で講義を受けた。

普通は教員が大学院で学位を取ろうとする場合、休職制度を利用して本業はお休みすることが多い。私のように現役教師として働きながら大学院にも同時に通うパターンは、福岡教育大学では前例がほとんどないらしい。

わが家でも三人の子どもの受験を控えている中、稼《かせ》ぎ頭《がしら》の父親が大学院に通うことを、妻はよく許してくれたものだ。福岡教育大学は国立大学ではあるが、二年間大学院に通うとなると学費が約一五〇万円かかる。それでも私は、論文を書き上げて「しもの式体育」の総仕上げをしたかった。

ますます多忙を極《きわ》めた私は、子どもたちと家庭での時間を満足に過ごせないことも多々あった。学校に泊まりこんで仕事をし、朝五時に家に帰り、シャワーを浴びてからまた朝七時に学校に戻る。そんなメチャクチャな生活を送ったりもした。

誕生日には、「お父さんが帰ってこないからケーキを食べられないじゃないの」と娘から思いがけないクレームが飛んできたこともあった。高校受験を控《ひか》えた次女に勉強を教えながら、隣の机で必死に論文を書いたこともある。そんな父親を温かく見守ってくれた三人の子どもたちにも深く感謝している。

大学院に通っている間、自分の論文を書く準備をしながら、もう一つの仕事も手がけた。大学院の同級生に、昼間、中学校での私の授業を公開することにしたのだ。中学校は大学のすぐ近くだから、大学院生も気軽に立ち寄ることができる。

大学院一年目は授業を徹底的に公開し、二年目には実践編に突入した。五クラスのうち二クラスの授業は私が担当する。残り三クラスは大学院生を二人ずつ振り分け、「しもの大学」の大学院生が授業を受けもつという、壮大な実験を始めた。大学院生六人が私と同じように体育教育を実践できれば、「しもの式体育」には普遍性があり、私以外の教員でも実践できる証明になる。

一人の教員が、まるで「名人芸」のような授業をやるのでは普遍性がなく、日本全国の子どもたちに、等しくすばらしい教育を受けさせることはできない。「名人芸」では所詮《しょせん》、自己満足と言われても仕方がない。私は「しもの式体育」を、だれでも実践できるように一般化したかった。

うれしいことに、大学院生が担当した三つのクラスでは、私が受けもっていたクラスと同等どころか、それ以上の成果が上がったのだ。

「しもの版・松下村塾」で六人の大学院生を育成

「しもの式体育」の後継者となってくれた六人の大学院生とは、お別れ会として山口県萩《はぎ》市にある松下村塾《しょうかそんじゅく》へ出かけた。松下村塾の近くにバンガローを借りて、しもの家伝統のバーベキューを自らふるまって楽しんでもらった。翌日には松下村塾で吉田松陰が幕末の青年志士《しし》をどうやって育成していったか、松下村塾から巣立った青年がどうやって日本を動かしていったかをみんなで研修した。

大学院生たちは現在、福岡県内をはじめ、静岡県・大分県・熊本県の教育現場でがんばっている。私と一緒に「しもの式体育」を実践してくれた彼らには、一人ずつに笛をプレゼントした。授業中、彼らはその笛を吹きながら生徒を元気に指導し、大学院での熱い二年間を思い出してくれていることだろう。

なお私は、二〇一八年三月に福岡教育大学大学院の教育学研究科修士課程を修了し、成績優秀者として表彰された。仕事を続けながら大学院を首席で卒業できたことが、支えてくださった方々へのせめてものご恩返しになったと思う。

当初は修士号を取得したあと、大学の教員として青年教師を育成したいと思っていた。

いままでに類例《るいれい》のないユニークな大学教員になり、自分以上の教員を育成したいと思っていた。その願いは、図らずも大学院生時代に六人の同窓生を育成することによって叶《かな》えることができた。彼ら六人は、「しもの大学の一期生」としてこれから多くの後輩を育成してくれるだろう。

台湾でも「つまずきビデオ」「示範ビデオ」「ST」が通じた！

「だれも置き去りにしない人間教育を日本中のみならず世界中に宣揚《せんよう》したい！」という私の大きな夢が、思いがけない形で叶うことになった。

今年（二〇一八年）八月、世界的な体育教育を学ぶ〝国際スポーツ教育シンポジウム〟で、世界各国の最優秀の体育教師と共に台湾、中国などの体育の教職員・学生に実技指導・講義をするため、台湾に招かれたのだ。舞台となったのは教員養成のアジア最高峰である国立台湾師範大学。ここにイギリス・フランス・スイス・オーストリア・香港・シンガポール・日本など、国を代表して世界中から約二十人の体育教師が一堂に会した。

講道館柔道を創始した加納治五郎《かのうじごろう》先生は、柔道を世界に広めて世界標準の「ＪＵＤＯ」をブランド化した。柔道が国境を越えて世界に通じるのと同じように、「しもの式体育」

も世界に通じるに違いない。そんな大それた夢を胸に秘め、私は台湾へ飛んだ。

「つまずきビデオ」「示範《しはん》ビデオ」「ST」を利用した体育教育は、世界中どの国でも実践可能だ。ゆくゆく、私は台湾のみならずアジア諸国、北南米、ヨーロッパやアフリカにまで「だれも置き去りにしない教育」を広げていきたい。

体育は体を鍛《きた》えるだけでなく、心を鍛えることにもつながる。「ST」を利用した体育教育は、できる生徒とそうでない生徒の間にいじめも差別構造もつくらない。それどころか、できる生徒はできない生徒を全力でサポートし、できたときは、わがことのように喜び称《たた》え合い、強固な友情を育《はぐく》んでいけるのである。

2018年8月、台湾師範大学で実技指導をする

しもの式体育 in 台湾

2018 SUMMER

8月13日〜18日

国立台湾師範大学で実技指導。
台湾、香港などの体育の教職員・学生を対象に
1日2時間ずつ、合計8時間の「しもの式体育」の
実技指導・講義を行った。
言葉は通じなかったが、
生徒たちを指導するうえで最も大切なのは
「あきらめない心を養ってあげること」だと伝えた。
受講された方々にも好評で、
非常に充実した日々を過ごすことができ、
やはり世界には学ぶものが多いとあらためて実感！
日本の将来を担い立つ青年たちが、世界に羽ばたき、
活躍できるようにと、決意を新たにした。

中華民國
入境
中華民國
ROC (TAIWAN)
To Taiwan
入境
ADMITTED

2018
國際體育教學研討會
International Sports Teaching Symposium

飲水思源

責任

第4章 未来への扉

世界一受けたい教育を、この国に

今年（二〇一八年）の五月まで、私は公立中学校の教員として約三〇年間勤務した。退職後の七月二日、福岡市で記者会見を開いた。来年（二〇一九年）夏の参議院議員選挙・福岡選挙区に、私は公明党公認候補として出馬する。

公明党はこれまで、弁護士や外交官、官僚出身者など優秀な人材を次々と国政に送り出してきたが、教育者の国会議員候補は久しぶりとなる。わが国が成熟社会を迎え、少子化が進むいまこそ、いよいよ公明党が教育改革に乗り出す本領発揮の勝負の時だ。

草創期の公明党は、義務教育における教科書無償化という画期的な実績を築いている。一九六一年一一月、全国各地で生まれた地方議員によって公明政治連盟（公明党の前身）が結成された。教科書の無償化は、公明党が地方議会に進出したときからの悲願だった。「教育の党」として是が非でも実現しなければならなかった。当時、貧しさゆえに教科書を買えない子どももたくさんいた。

一九六三年三月、公明政治連盟の柏原ヤス参議院議員（故人）は、国会で教科書無償配布を訴えた。柏原議員は小学校の教員出身だったから、いっそう力が入ったことだろう。柏原議員が決断を迫《せま》ると、時の池田勇人《はやと》総理がなんと首を縦《たて》に振った。

歴史は大きく動き、一九六三年度から教科書無償配布が段階的に始まる。一九六九年度には、全小中学校の児童・生徒に教科書が無料で配られるようになった。

このような偉大な歴史をもつ公明党で、私は未来を担《にな》う子どもたちのために仕事をしたい。

福岡の地で生まれ育ち、約三〇年間、教員生活を送ってきた私の経験を国政の場で役立て、九州を元気にしたい。

「大衆とともに語り、大衆とともに戦い、大衆の中に死んでいく」との公明党永遠の立党精神を胸に、私は死にものぐるいで戦っていく。

福岡発　しもの六太 ビジョン

①一人も置き去りにしない

日本を教育立国にしていくために、「一人も置き去りにしない」というあたりまえの視点があらためて必要だと思う。

現在の日本は、すべての子どもたちがいつでもどこでも学べる環境が十分に整えられているわけではない。経済的に恵まれていない子ども、ＤＶ（家庭内暴力）や虐待《ぎゃくたい》に苦しむ子どももいれば、何らかの理由で不登校に苦しむ子どももいる。

そこで、次のような施策によって、子どもたちが安心して学べる場をつくり、「学びたい」と思ったときにいつでもどこでも学べる多様な受け皿を整備したい。

▼学校選択権の実現
▼公立夜間中学校の設置（現在、全国八都府県に三一校。福岡県内には皆無）
▼不登校・ひきこもりの子どもたちの居場所となるフリースクールへの支援
▼障がいのある子どもを個別で指導する通級指導教室の拡充《かくじゅう》
▼小学校に複数担任学級を導入（低学年の二人担任制）

小中学校で不登校になってしまったり、高校に進学したのに中途退学してドロップアウトしたとしても、そこから学び直して復活《ふっかつ》できる。一度や二度失敗しても、何度でも再挑戦できるチャンスを、社会の至るところにつくらなければいけない。

いまの日本社会は、一度つまずいたらなかなか復活できない難しさがある。せっかく大学までスムーズに卒業したのに、最初に就職した会社がうまく合わなかったせいで、その会社を辞《や》めたあとずっと仕事がうまくいかない。そんな人は、私のまわりにも数多く見られる。

何歳になっても学び直しができる。たとえ、失敗しても、社会の大切な一員として再チャレンジできる。社会に多様な選択肢を設け、一度

つまずいた人がやり直せる環境をつくっていきたい。

「ST学習」と体験学習を推進

私は公立中学校の教育現場で、生徒同士が教え合う共同学習＝「ST学習《スモール・ティーチャー》」を実践してきた。

「できる子」が「できない子」を教えるのは、人としてあたりまえだ。「ST学習」によって生徒同士が教え合い、支え合えば、「自分さえできればいい」という利己主義的な風潮を変えていけると信じている。

生徒たちが「やればできる」という成功体験を実感しながら、お互いの交流を深める。お互いを支え合う。そういう教育によって、いじめがない理想的な学校、さらには、いじめのない社会をつくっていきたい。

また、未来を担う子どもたちや青少年が、豊かな自然と触れ合いながら体験を積み重ねることも重要だ。私自身、幼いころから九州の豊かな自然の中で過ごしてきた。自然との触れ合いを重視する体験学習によって、未来を切り拓《ひら》く力が必ず身につけられるし、博物館や美術館などの施設を訪れれば、一流の文化・芸術に触れて精神が大いに触発される。自然、文化・芸術、スポーツなどの体験学習を受ける機会を、教育現場でどんどん増やしていきたい。

②家庭における教育費負担を軽減

私立高校の授業料無償化と高等教育の奨学金拡充

わが家はたいへん貧乏だったが、授業料免除《めんじょ》制度があったおかげで、島根大学に進学した私はほとんど学費を支払う必要がなかった。さらに毎月二万六〇〇〇円の奨学金《しょうがくきん》を貸与《たいよ》してもらい、生活費の不足を補填《ほてん》することができた。

大学時代に貸与された奨学金は、のちに公立の学校教員になったおかげで返還が免除された。授業料免除制度と奨学金がなければ、貧乏な私が大学に四年間通うことも、教員になることもできなかっただろう。

日本の大学教育は、あまりにも多額のお金がかかりすぎる。都内で私立大学に通う長女を見ていると、心からそう思う。家計が厳しい中で奨学金を借りれば、社会に出た瞬間から多額の借金返済が始まる。これではあまりにかわいそうだ。

教員だけが、国のために働く職業ではない。私の場合は、たまたま教員になったから奨学金返済を免除してもらえたが、教員以外の職業に就《つ》く人に対しても、返還の必要がない奨学金を思いきって拡充するべきだと思う。

だれもが大学へ進学できる社会を構築するため、以下の施策を実現したい。

▼二〇二〇年度までに、私立高校の授業料を実質無償化（年収五九〇万円未満の世帯が対象）

▼学ぶ意欲のある若者が、経済的理由によって進学を断念することがないよう、大学の授業料や入学金を減免《げんめん》

▼返済の必要がない給付型奨学金の給付額と対象枠《わく》を拡充

「未来への投資」として教育予算の増額を

日本やアメリカなど三五カ国の先進国が加盟するＯＥＣＤ（経済協力開発機構）の調査によると、教育機関に対する日本の公的支出の割合は、ＧＤＰ（国内総生産）の三・二％でしかない（二〇一四年）。

この値は、ＯＥＣＤ加盟諸国の平均値（四・四％）を大きく下回り、加盟国の中で最低水準だ。教育費にかかる家計の負担軽減へ向けて、国の教育予算の増額に取り組みたい。

▼幼児教育や保育を無償化、認可外施設も対象に

幼児教育と保育の無償化については、認可外施設や幼稚園の預かり保育なども含め、二〇一九年一〇月からの全面実施を目指す。〇歳児から二歳児については住民税非課税世帯を、三～五歳児についてはすべての幼稚園、保育所、認定こども園を無償化の対象にする。

▼副教材の購入費への助成を推進

公明党は、一貫して義務教育の負担軽減に取り組み、現在ではあたりまえとなっている小中学校の教科書無償配布を実現した。しかし、教科書が無料で

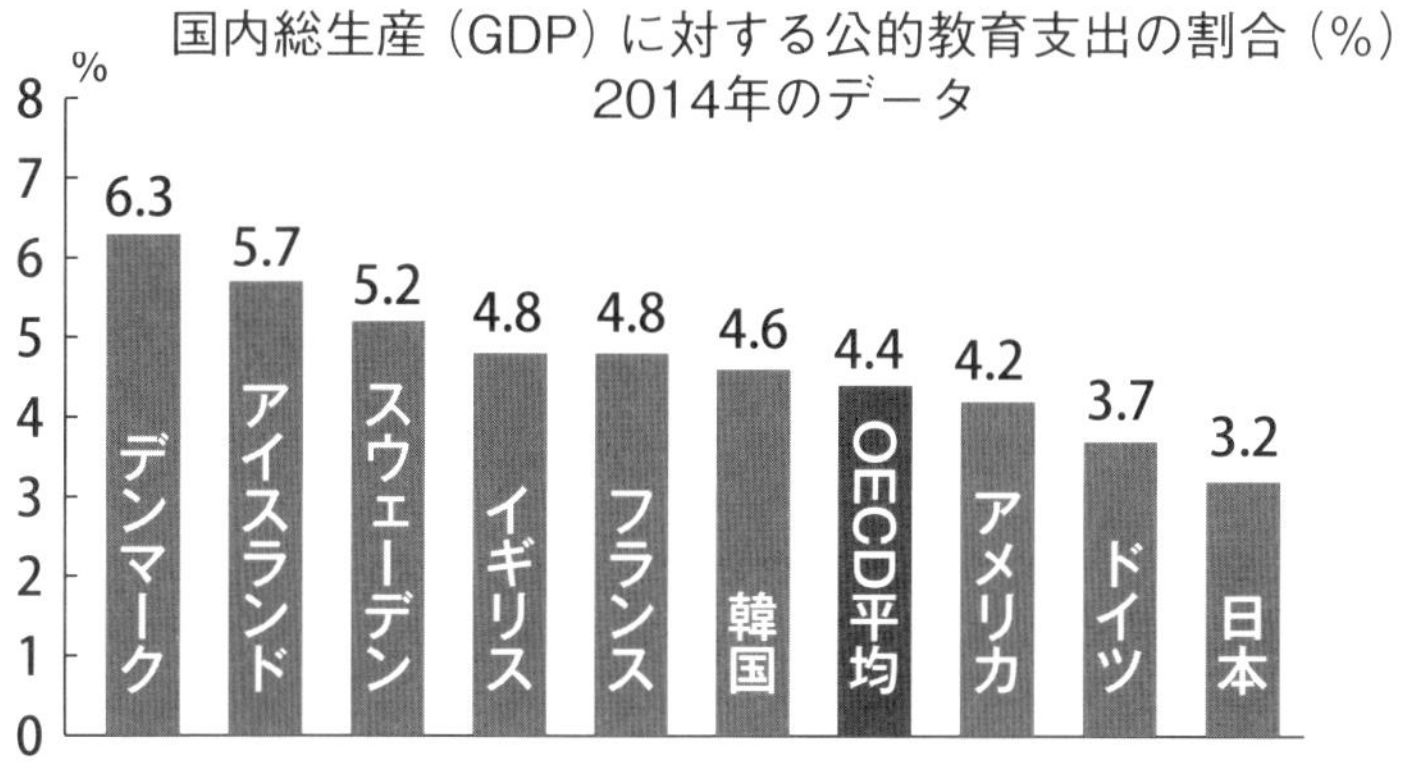

※OECDの「図表で見る教育2017」を元に作成

ある一方で、毎年四月になると保護者が副教材費を負担している現状がある。教科書が無料なのだから、副教材についても購入費を公費から負担するべきだ。副教材の購入費用への助成《じょせい》に取り組み、さらなる負担軽減を進めたい。

③子どもの命を守る

▼児童虐待対策を強化

悲しいことに、死に至るほどの児童虐待事件があとを絶たない。児童虐待防止対策を徹底するため、児童相談所（児相）の職員を増強し、態勢を強化したい。児相・自治体間の情報共有を徹底し、児相・警察・学校・病院間の連携強化を進めることも重要だ。

心に傷を負った子どもたちをケアするため、専門的な知識と技術を備えた児童福祉司など、専門職も増員したい。児童虐待対策の司令塔となる常設の関係会議創設についても、政府に強く働きかけていく。

▼スクールソーシャルワーカー・スクールカウンセラーの法制化

学校の教育現場では、子どもや保護者の心のケアを行うスクールカウンセラーと、いじめや不登校、貧困などの問題を抱える子どもの家庭環境改善を支援するスクールソーシャルワーカーの設置が進んでいる。

スクールカウンセラーとスクールソーシャルワーカーの態勢をさらに強化し、人員配置の充実へ向けた法制化に取り組みたい。

▼地域一帯で子どもを見守る態勢の強化へ

子どもたちを襲う悲惨な事件は、多くが登下校の途中で発生している。子どもたちの安全は、地域一帯で守らなければならない。子どもが少しでも危険を感じたり、困ったときに安心して駆け込める「こども１１０番の家」をさらに拡充していきたい。

地域住民と学校、自治会、警察が一体となって、子どもを見守る態勢を強化していく。

▼教員の働き方改革と「チーム学校」の推進

二〇一四年四月に政府が公表した調査結果によって、教員の深刻な長時間勤務の実態が明らかになった。教員の働き方改革を進めるため、教職員の定数を抜本的に拡充したい。また、学校運営のために、多様な専門スタッフの配置を進める。「チームとしての学校」(チーム学校)の実現を推進する。

【活力あるアジアの国際都市へ】

福岡県は五一一万人の人口を擁《よう》する。なかでも、一五七万人の人口を抱《かか》える福岡市は、人口増加数(二〇一〇年~一五年の五年間)七万五〇〇〇人、同増加率五・一二%と、政令指定都市の中でダントツの一位を誇る。とくに若者(一〇代、二〇代)の割合は二二・〇五%と、政令指定都市の中でトップだ(二〇一五年の国勢調査に基づく)。新規開業率も七・〇四%と、これまた全国トップである(二〇一五年)。

外国人観光客は毎月三〇万人前後に上り、大きな可能性を秘めている。福岡空港ターミナルの整備が進む一方、博多港では大型クルーズ船の二隻《せき》同時接岸《せつがん》が可能になった。

一度福岡へ遊びに来た外国人が、二度、三度と訪れたくなる魅力ある観光資源をさらに整備していけば、リピーターになってくれるに違いない。アジアをはじめ、海外の活力を取り込みながら、私は故郷・福岡県の経済を大きく底上げしていきたいと考えている。

■県全域の均衡ある発展めざす

福岡都市圏、北九州、筑後《ちくご》、筑豊《ちくほう》それぞれの特性を生かし、県全域の均衡《きんこう》ある発展をめざしたい。

北九州エリアは、一〇〇年以上にわたり日本の産業発展をリードしてきた。現在は、金属加工産業やロボット産業など、数多くの企業が集

まる「ものづくりの一大拠点《きょてん》」となっている。かつては、深刻な公害問題に直面したが、市民・企業・行政が一体となった取り組みで克服《こくふく》。二〇一一年には、OECDから、アジアで初となる「グリーン成長モデル都市」に選ばれている。今後も、世界に誇る環境都市の確立を後押ししていきたい。

宝島社が出版する移住ガイド本によると、「住みたい田舎《いなか》ベストランキング」で、北九州市は全国一位に輝いている。私は、このすばらしい北九州市をさらに発展させ、元気にしていけるよう、定住・移住促進策の充実に取り組み、赤ちゃんからお年寄りまで、だれもが安心して暮らせる街づくりに全力を尽くしていく。

一方、県南部の筑後地域は、県内第三都市の久留米《くるめ》市や、世界遺産・三池炭鉱《みいけたんこう》で有名な大牟田《おおむた》市、水の都・柳川《やながわ》市などがあるエリアだ。豊かな自然に恵まれた地域で、昔から農林水産業や地場産業、商工業などが発達してきた。米や麦、フルーツ、お茶、海苔《のり》など農林水産物の一大産地としても広く知られている。近年は、外国人観光客や家族連れなどが多く訪れるなど、観光地としても活気を見せている。こうした、筑後の自然や文化などの特色を生かした地域振興に全力で取り組んでいきたい。

県中心部に位置する筑豊地域はかつて、長崎街道の宿場町《しゅくばまち》として栄え、明治維新後は、石炭の産地として発展した。石炭産業の衰退《すいたい》とともに人口は流出したが、現在は農業、自動車産業などで注目されている。また、産官学連携やベンチャー支援を行う「ｅ－ＺＵＫＡトライバレー構想」による新産業創出にも取り組んでいる。筑豊地域の新たな発展を支えるとともに、地域の課題となっている人口減少への対策や雇用の確保、高齢者支援の充実も進めていきたい。

▼観光客の受け入れ態勢強化、国際物流拠点化を後押し

食や町歩き、温泉、自然、農漁業体験など、観光資源の一体的な開発を図るとともに、インフラ整備や観光に携《たずさ》わる人材の育成など、外国人観光客のさらなる誘致《ゆうち》を進めていきたい。また、北九州空港の国際物流拠点化を進め、県内各地の農産物の輸出拡大を後押しする。

▼中小企業の安定経営へ、資金繰りや人手不足の解消を支援

福岡県の経済を支える中小企業への支援策を強化するため、生産性向上につながる情報技術（ＩＴ）導入への支援や事業承継支援を推進し、人手不足を解消していく。また周辺の企業や大学と連携し、地域全体の成長につながる事業への後押しに取り組む。

▼防災・減災対策を強化し、災害から命を守る

災害から住民の命と財産を守るため、地域の特性に合った防災・減災対策を強化する。また、公立学校の校舎や体育館、ブロック塀《べい》を総点検し、総合的な耐震化《たいしんか》を進める。災害から命を守る防災教育の充実にも取り組む。

これらの施策によって、故郷・福岡をますます元気にしたいと決意している。

しもの式体育

世界一受けたい教育

〈鉄棒・マット〉

「やればできる！」「必ずできる」という
「しもの式体育」の評判を聞きつけて、元気いっぱいやってきたのは、
タレントの林家まる子さんと、一人娘のこっちゃん（6歳）。
さぁ、鉄棒・マットの授業のはじまりです！

林家まる子さん&こっちゃん×しもの六太

まずは準備体操。
屈伸や伸脚で体
をほぐします。

〈鉄棒　さかあがり〉

これまで一回もさかあがりで成功したことがないこっちゃん。
レッツ！ チャレンジ！

さかあがりをするためにはひじをしっかり曲げることが大事だから、
持ち手は「順手」でしっかり握ります。

ここからは、ひもを使って練習します。

おなかと鉄棒が離れないようにひもで補助します
（タオルやベルトでも代用できます）。

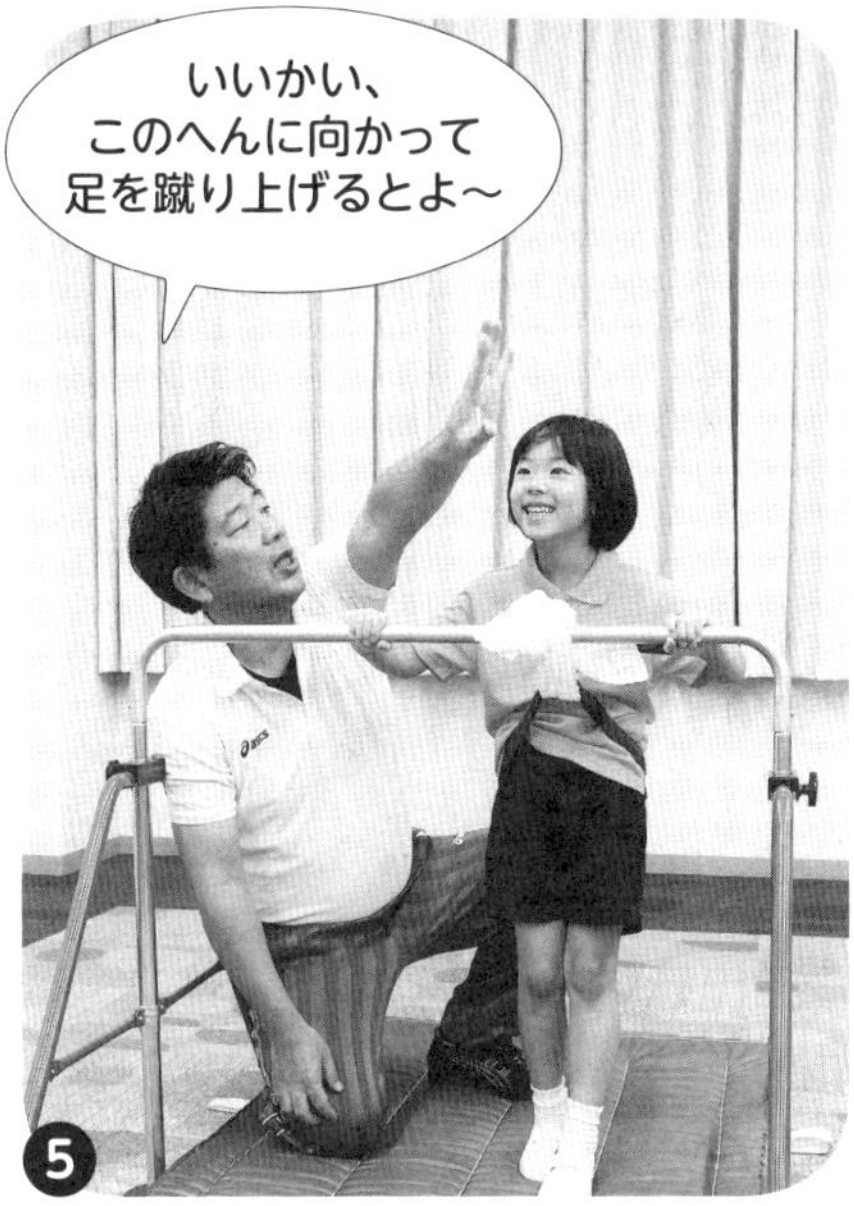

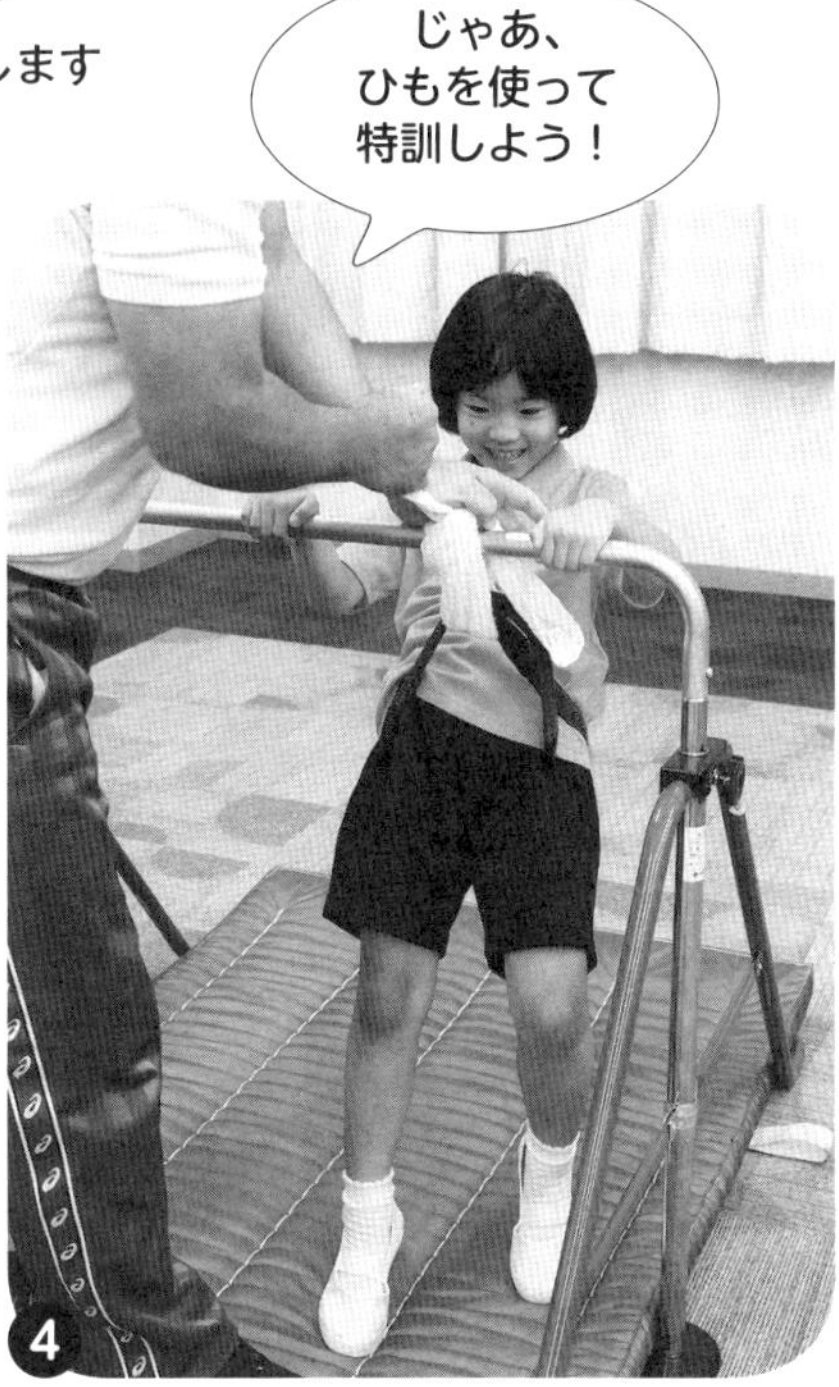

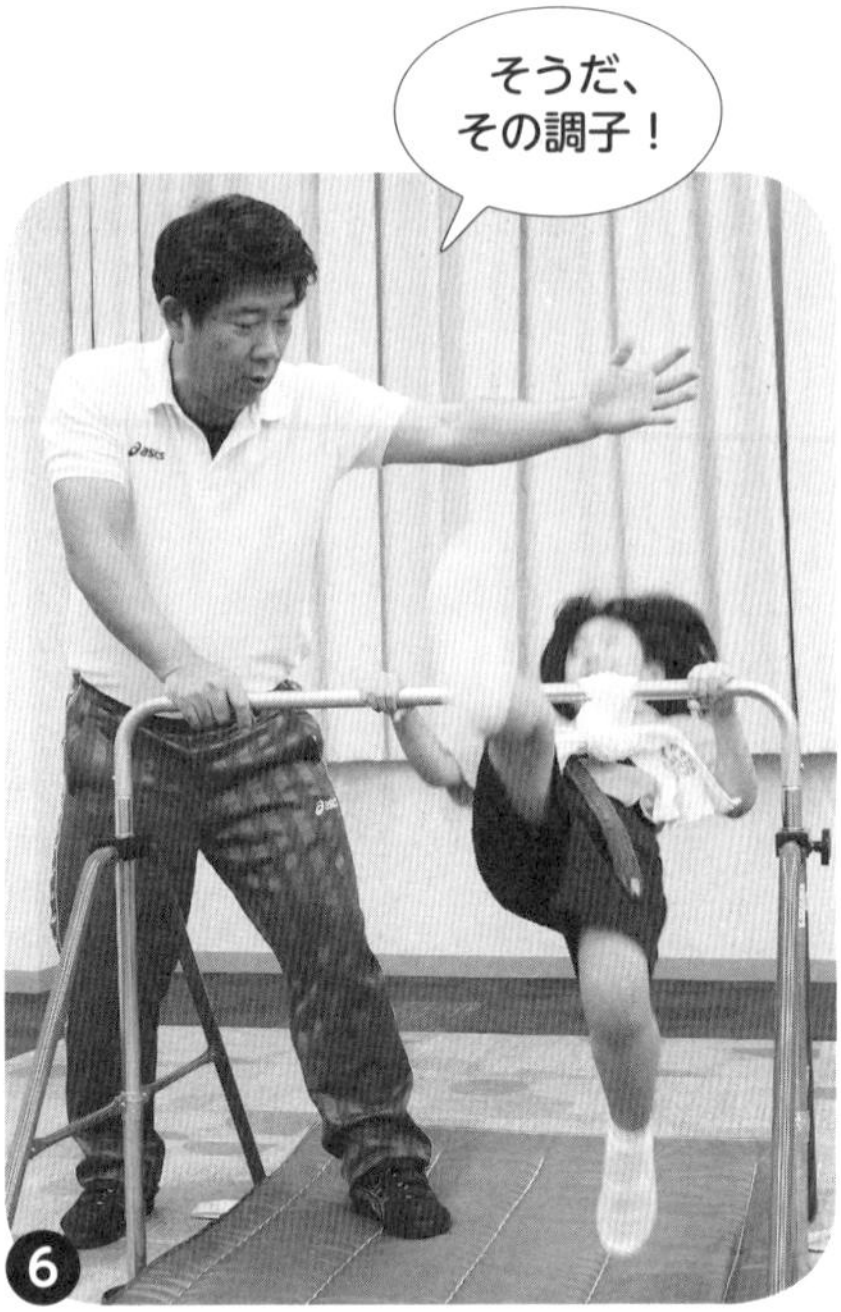
そうだ、
その調子！
6

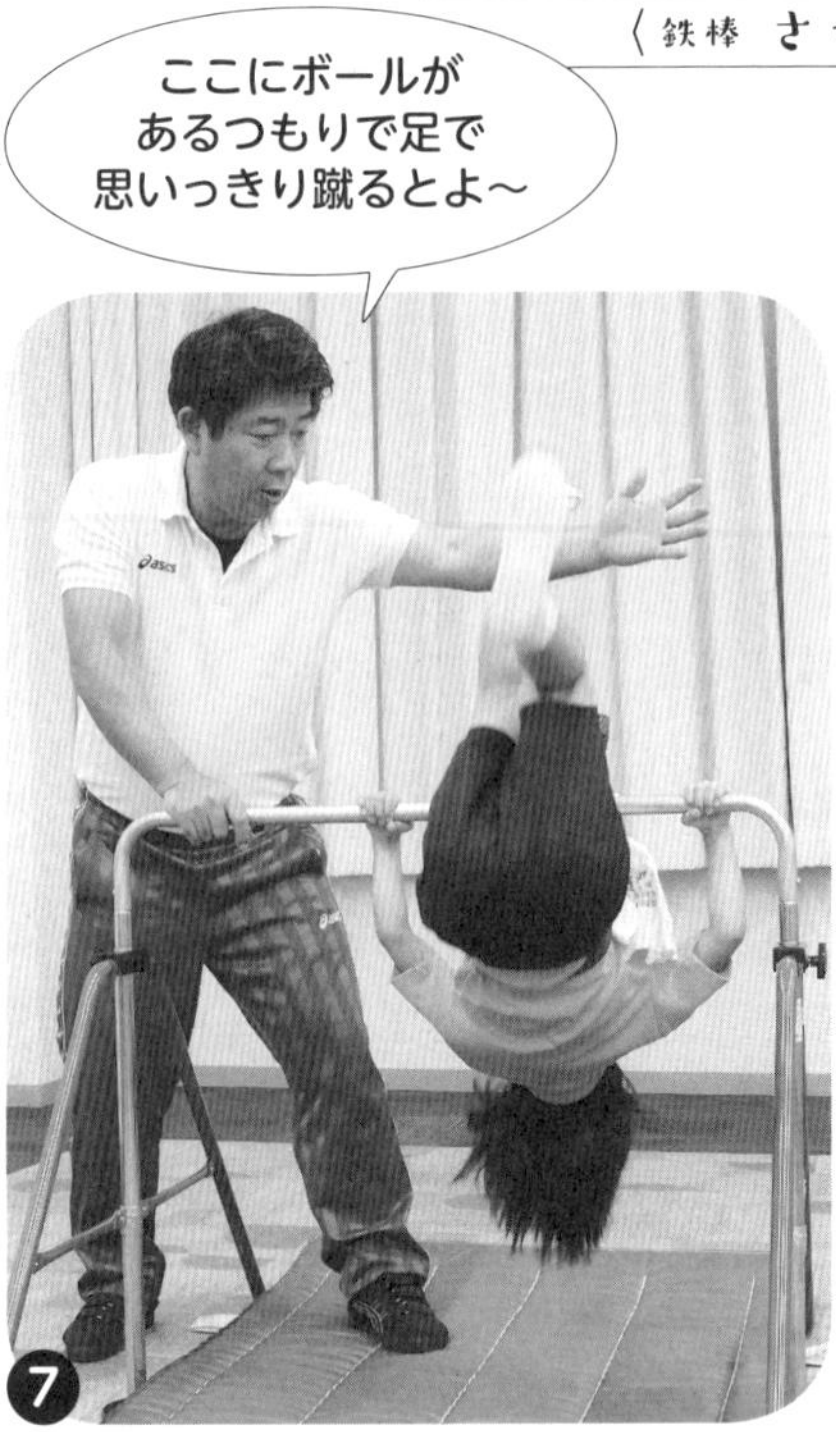
ここにボールが
あるつもりで足で
思いっきり蹴るとよ〜
7

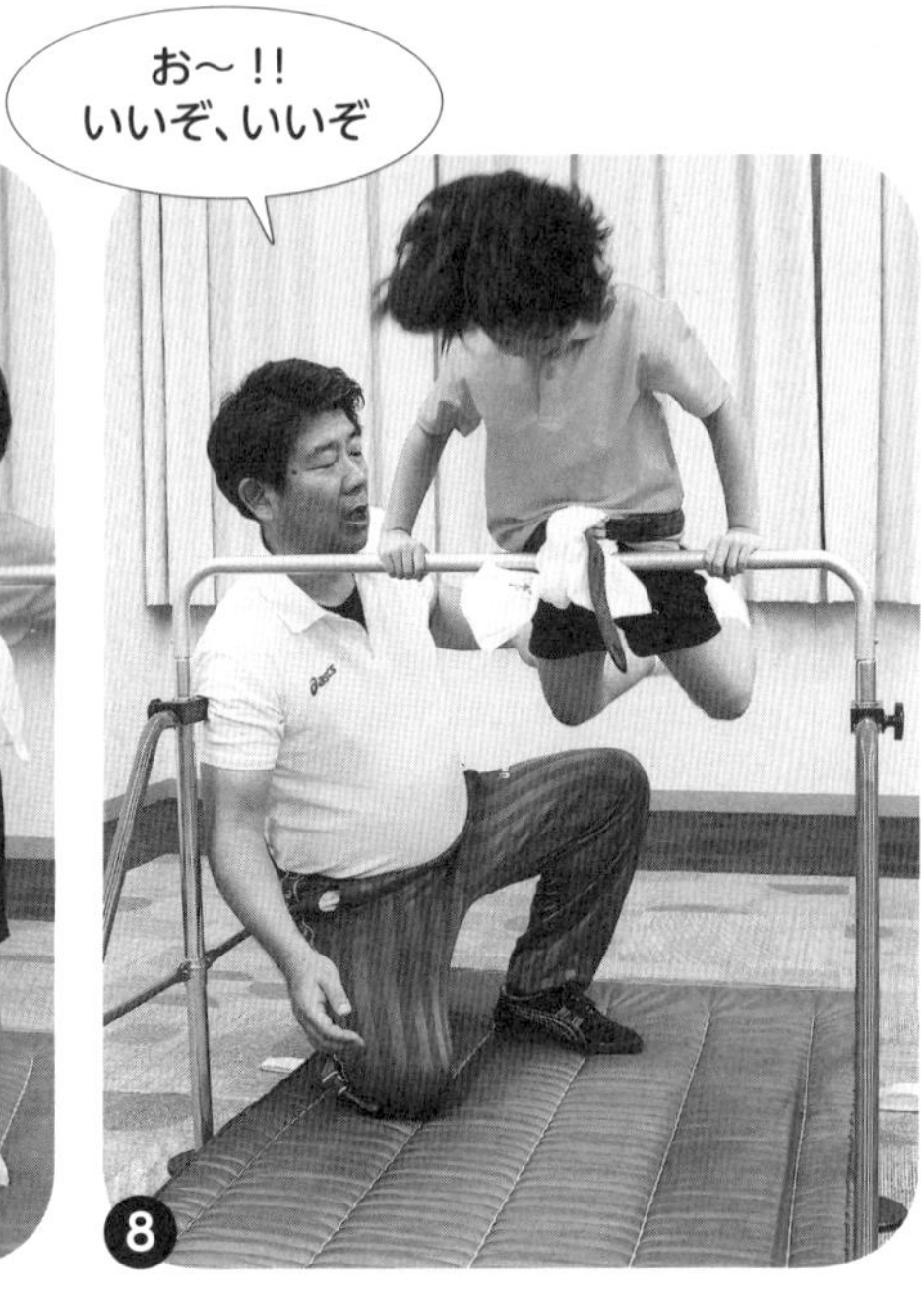
お〜!!
いいぞ、いいぞ
8

やった〜！
グー
タッチ！
9

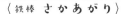

〈マット開脚後転〉

マット運動が大好きで、前転・後転はじょうずにできるこっちゃん。この日、新たに挑戦したのは後転を応用した「開脚後転」です。

まず、しゃがんで座って、手は耳のあたりで構えます。

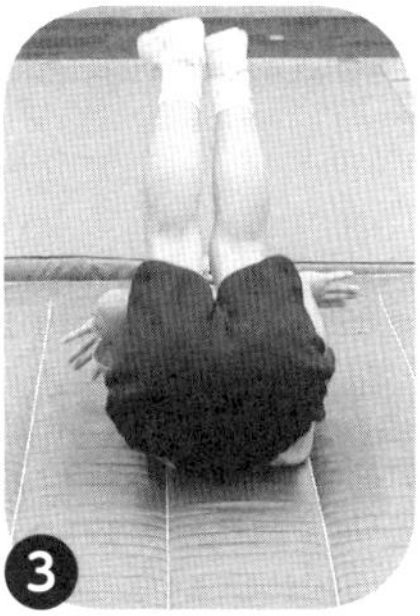

ゴロンと転がったら、勢いよく足を上げて後ろへ回ります。

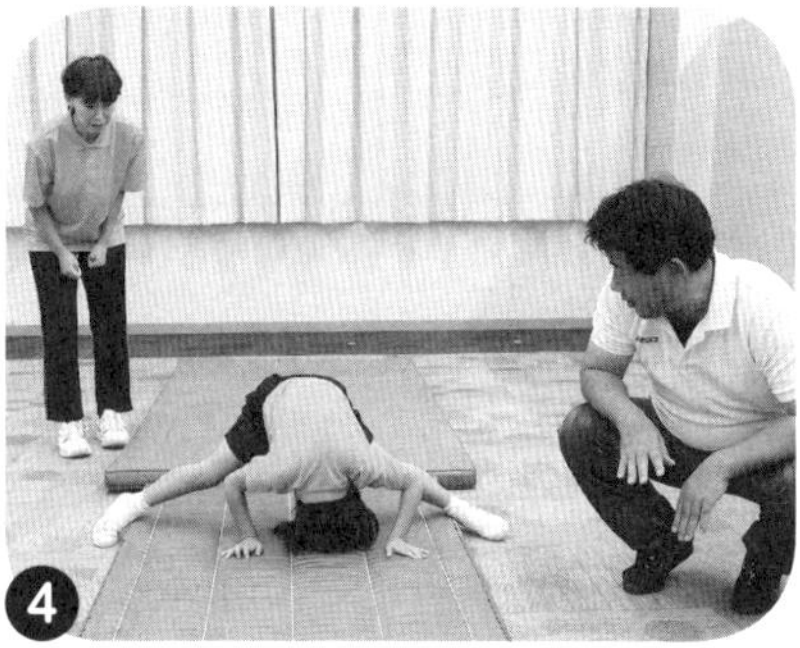

足がマットにつく手前で大きく開きます。

ひざは伸ばしたまま、両手をマットについて、体を起こします。

フィニッシュで手を前にそろえてポーズ！　思わず後ろで一緒にポーズを決めるまる子さん。

〈マット側転〉

こっちゃんの上達の早さに感動し、ついに「側転」にも挑戦！
見事なフィニッシュが決まるでしょうか？

1 最初に手を着く位置を
ていねいに確認し、
目線を定めます。

2 腕をしっかり
振り上げます。

3 思いきり、
足を振り上げます。

4 両手をマットに着き、開脚して倒立します。

5 右手でマットを押すようにして、
立ち上がります。

6 体を起こしたとき、両足が一直線に
なるようにします。

7 見事に成功！
まる子さんも大感激です。

【教育対談】

日本を「教育立国」へ

水谷 修さん（夜回り先生）×しもの六太

目の前にいる子どもを大切に！

水谷修　しものさんは今年の五月まで、中学校の体育の先生をされていたんですね。

しもの六太　はい。初めてお会いする方からは、よく「先生の専門は何ですか？」と聞かれるんです。私は、中学時代は野球、高校時代にはサッカーに熱中しました。とはいえ、私の専門が野球やサッカーというわけではありません。私にとって一番重要なのは、教科としての体育の授業です。

水谷　ほぉ～。体育の先生の場合、とかく顧問を務めている部活が専門であるかのように思われがちですが……。

しもの　特定のスポーツに限らず、一年間の体育の授業を通じて、生徒一人ひとりの成長をしっかりと、継続的に見ていくことにメリットがあると思っているんです。ハードルを教え、次に水泳を教え、ソフトボールを教え、マット運動を教えていく。その過程の中で、生徒が光っている場面や、お互いに助け合っていく姿を、年間通して見ていくことでわかってくることがあるのです。

水谷　あらゆる種目を教えながら、一人ひとりの変化を見ていくということですね。

しもの　そうです。球技でがんばっていた生徒が、柔道になると元気がなくなってしまうことがあります。でも、ほかの種目では盛り返してがんばれたり。そういう浮き沈みも含めて、見守っていくことが大事なんじゃないかと思っています。

水谷　野球でも、剣道でも、柔道でも、サッカーでも、まさに体育の先生は生徒の健全な体を作ることが目的ですね。

「部活で面倒を見ている生徒を全国大会に連れていきたい」とか「野球部を甲子園に連れていきたい」と、ある特定のスポーツだけに特化しすぎると、運動が得意ではない生徒たちが学校で置いてきぼりにされてしまいます。勉強でも、運動でもスパルタは通用しない。十分に理解することので

みずたに・おさむ
1956年、神奈川県横浜市生まれ。少年期を山形で過ごす。上智大学文学部哲学科卒業後、横浜市立高校で社会科教諭を務める。12年間、定時制高校に勤務し、教員生活のほとんどの時期に生徒指導を担当。中・高校生の非行・薬物汚染・心の問題にかかわってきた。「夜回り」と呼ばれる深夜の繁華街でのパトロールを通じて、子どもたちの更生と非行防止、薬物汚染の拡大予防のための活動を精力的に展開。現在は花園大学客員教授を務めながら、テレビ朝日「ワイド！　スクランブル」のレギュラーコメンテーターとしても活躍。

きない人間は落ちこぼれるわけでしょう。

しもの　そうなんです。ですから、教員が部活に力を入れる気持ちはよくわかりますが、それだけに情熱を注ぐのは感心できません。生徒に「人格者になっていきなさい」と教えるべき教員が、成果主義にとらわれて一人ひとりの生徒を置き去りにするようではいけません。体育を通じて、お互いに助け合うことの大切さ、みんなが協力しながらともに成長することのすばらしさを教えていく。これこそ自身の使命と責任だとの思いで、私は三〇年間、クラブの顧問としても全力を挙げたうえで授業を第一に取り組んできました。

日本の未来を変える体育教育

水谷　いま、子どもたちの心の病《やまい》が深刻です。リストカットをしたことがある生徒が一人もいない学校は、全国を見わたしてもおそらく一校もないでしょう。一〇代後半から二〇代前半のリストカッターが、実に七％にのぼるという統計もあります。

しもの　引きこもりや不登校の問題も深刻ですね。

水谷　心療内科や神経科、精神科で治療を受ける子どもは、近年になって激増しています。だれかに直接会いに行かなくても、スマホとLINE《ライン》があればいつでもコミュニケーションがとれてしまう。野球も、相撲も、サッカーも、音楽も、体を動かさず、テレビやスマホの中だけで完結してしまう。心と体を徹底的に分離《ぶんり》する「文明病《ぶんめいびょう》」が、子どもたちの心の病の原因になっているのかもしれません。

しもの　私もそう感じます。

水谷　体育の授業によって子どもたちの体をきちっと作ってあげれば、子どもたちは大きく変わっていくのではないでしょうか。日本の教育、そして日本の未来は体育にかかっているとさえ思います。たとえば、日本中の小学一年生に、毎日校庭を二周走ってもらうのはどうでしょう。二年生は三周、六年生は一〇周、中学生は二〇周を毎日走るだけで、子どもたちは変わるはずです。

しもの　貴重なご意見です。それは放課後ではなく、朝やるのがいいと思います。寝起きでボケーッとしているときに体を動かせば、体が活性化して脳《のう》が急速に回転し始めます。私は約三〇年間の教員生活を通じて、運動の大切さを確信しました。積極的に体を動かせば、子どもたちが生き生きと生まれ変わり、学業面までも急速に伸び始めるのです。

いじめ問題を解決するための秘策

しもの　文部科学省の学習指導要領では、実は小学一～二年生の水泳の授業は「水遊《みずあそ》び」という扱いなのです。小学三～四年生は「浮く」「潜《もぐ》る」を学び、小学五～六年生になって初めて「水泳」を学ぶのです。

しかし、私がいままで子どもたちを見てきた限り、幼稚園児であろうが小学一～二年生であろうが、だれでも二五メートルは泳げるようになります。教育は子どもたちの可能性を低く見積もるのではなく、彼らがもつ無限の可能性を信じるべきではないでしょうか。

水谷　しものさんは、学年の全生徒に一〇〇メートルの泳ぎを達成させたことでも話題になり、メディアでも注目されました。

しもの　私は体育の授業を通じて「やればできる！」と生徒にも、保護者にも、訴え続けてきました。運動が苦手な生徒たちは、最初から「自分なんてどうせ泳げやしない」とあきらめているんです。しかし、運動神経がよかろうが悪かろうが、才能や能力があろうがなかろうが、挑戦する前からあきらめるべきではありません。

私の授業では、技能面で優れた生徒を「ＳＴ《スモール・ティーチャー》」（小さな先生）に指名し、ほかの生徒を手助けする「ＳＴ学習」を確立してきました。一年、二年、三年とかけて、生徒たち全員が助け合い、学び合った結果、すべての生徒が一人残らずクロールで一〇〇〇メートル、平泳ぎは八〇〇メートル、バタフライは二五メートル泳げるようになったのです。

水谷　「自分なんてどうせ泳げない」とあきらめていた生徒が、悪戦苦闘の努力を通じてすごい目標をクリアできた。この達成感は、彼らの心の中に一生残ることでしょうね。

しもの　さらに、自分が「できる人間」になったからといって満足しない。自分よりもできない子を「ＳＴ」としてサポートし、その子が目標を達成したときには手に手を取り合って自分のことのように喜び合う。こういう教育が全国に普及していけば、教育改革を実現できるでしょう。最近、「お互いさま」という言葉を聞かなくなりましたが、体育の授業の中では使われるのです。「今回は俺が助ける」「ありがとう」「次回は俺を助けてくれ」といった具合に、「助ける」「助けられる」を自然に使い分けられる子どもたちが育ったときに、いじめのない麗《うるわ》しい人間関係が育つ姿を何度も見てきました。ですから、私は「ST学習」を通じて、「いじめはないのがあたりまえ」という社会を作りたいと思っていますし、「いじめ問題を解決するための秘策は体育である」と、名乗りを上げたいのです。

体験学習で変わる子どもたち

水谷　北海道の北星《ほくせい》学園余市《よいち》高校には、引きこもりや不登校の生徒、ワルをやって暴《あば》れ回った子どもたちが全国から集まっています。この高校では毎年五月に、高校一年生が親と一緒に六〇キロもの距離を歩くのです。

しもの　いいですね。体を動かす体験学習は、圧倒的に不足していますから。

水谷　なかには車椅子《いす》の子もいますから、だれかが車椅子を押してあげます。押してもらっている子は「ごめんね」「ごめんね」と謝《あやま》りますが、だれよりも元気なワルの子は「ごめんねなんて言うんじゃねぇよ」「いいじゃねえか。楽しいんだから」とフォローしてあげる。そして、朝から夕方までかけて六〇キロを歩き終わったときには、「みんなで成し遂《と》げた」というものすごい達成感に包まれます。するとそのクラスで

は、おのずといじめがなくなるのです

しもの　個人として味わう達成感と同時に、皆で協力し合った集団としての達成感こそ、野外での体験学習の醍醐味《だいごみ》ですね。

水谷　熊本県の取り組みとしては、もう二〇年近く、不登校や引きこもりの子どもたちを二〇～三〇人連れて、熊本市内から阿蘇《あそ》まで三泊四日で一〇〇キロ歩く体験学習を続けてきました。一〇〇キロを歩き終わった子は、たいがい学校に戻れるようになります。

長野県では明治時代から、中学二年生は必ず三〇〇〇メートル前後の山に登山する体験学習を続けてきました。山を登り終わったあとの子どもたちの達成感、清々《すがすが》しさはものすごいものがあります。

しもの　実は、私の一番の趣味は登山なのです。夏休みや正月になると、北アルプスの三〇〇〇メートル級の山を登ってきました。ほとんど垂直に切り立った崖《がけ》を、カモシカがカツン、カツンと躊躇《ちゅうちょ》せず登っていきます。こういう本物の自然の姿を、子どもたちに見せてあげたいと心から思いました。初めて槍ケ岳《やりがたけ》に登ったときのすばらしい夕焼けの風景も、一生忘れられません。

水谷　私も青年時代から山登りが大好きです。オーストリアでは、小・中学生や高校・大学生が山登りするときには、国からの助成金《じょせいきん》があり、一泊二〇〇〇円程度で山小屋に泊まれるんですよ。もちろん食事つきで

す。そのかわり、山を下りるときにはごみ拾《ひろ》いをしたり、ごみを背負って地上に下ろす奉仕《ほうし》活動でお返しします。

日本には国定公園も三〇〇〇メートル級の山もたくさんあるのですから、子どもたちが体験学習を楽しめるように、こうした補助制度を設けるべきではないでしょうか。

しもの　私が政治の世界に挑戦する動機も、まさにそういうことなのです。裕福《ゆうふく》で優秀な一部の子どもを海外へ交換留学に派遣するだけではなく、たとえ貧しい家庭の子どもであっても、すべての子どもに教育の機会均等を実現したい。その経験は、子どもたちの人生にとって何ものにも代えがたい果実をもたらすはずです。

公明党が実現した「三つの無償化」

水谷　公明党には結党以来「教育の党」としての伝統があります。自公連立政権のもと、公明党の主導で幼児教育の無償化、私立高校授業料の実質無償化が大きく前進しました。低所得世帯を対象に、二〇二〇年度から専門学校や大学の教育費無償化も実現します。これも公明党の大きな実績です。

また、生活保護受給世帯や貧困世帯には、就学奨励費が支給されます。ところが小学校に入学する児童への最初の就学奨励費が支給されるのは、これまで六月でした。これでは入学式までにランドセルを買ってあげることができません。そこで、二〇一八年度から、就学奨励費を前倒しで二月に支給することになりました。これも公明党による実績です。

しもの　公明党はこうした庶民の小さな声を拾い上げ、徹底的に一人を大切にする伝統があります。

水谷　かつて、国鉄（現ＪＲ）が民営化されるまで、交通機関の学割定期券は五〇％の割引でした。ところが現在の学割定期券は二〇％のみの割引ですし、一部の地方バス路線は学割でさえ一〇％台しか割り引かれないのが実情です。通学用定期券の割引率は、思いきって一律五〇％の割引まで戻すべきではないでしょうか。「福祉の党」「教育の党」を掲げる公明党には今後、検討してもらいたいと期待します。

しもの　「大衆とともに語り、大衆とともに戦い、大衆の中に死んでいく」。これが公明党永遠の立党精神です。教員としての経験を生かしてこうした課題にも全力で挑戦していきたいと思います。

待ったなしの「子どもの貧困」

水谷　平均所得の半額以下で暮らす一七歳以下の子どもの「相対的貧困率」は、二〇一二年に一六・三％（六人に一人）に達し、二〇一五年には一五・六％（七人に一人）に減ったものの、依然として深刻な状況は変わりません（厚生労働省の統計による）。

しもの　私も教育現場で「子どもの貧困」の現実を見てきました。昔は「見える貧困」だったわけですが、いまは「見えない貧困」の時代です。

水谷　親がスマホをもっていて裕福なように見えても、実際は価格破壊の安い服や化粧品を使い、子どもは三食のご飯すら食べさせてもらえない家庭がたくさんあるのです。私が最近訪れた大阪の学校では、なんと三八％の子どもが生活保護受給世帯や就学奨励世帯で、朝ご飯を食べて登校している子どもの比率がたった一割だそうです。

しもの　無料で食事を提供する「こども食堂」の取り組みを拡充《かくじゅう》するとともに、日本の社会に潜在し、拡大する貧困家庭と教育格差の問題を早急に解決しなければなりません。

水谷　働きたくても働けない親御さんもいるわけです。こういう状況を改革することこそ、「忘れられた人を作らない政党」「見捨てられた人を作らない政党」たる公明党の仕事ではないでしょうか。

しもの　はい。これまで日が当たらなかったすべての人たちに光を当てる。これこそ全国に三〇〇〇人もの議員を有する公明党の使命だと感じます。

水谷　しものさんはこれまで三〇年間、教育現場の最前線で働きながら「奇跡の授業」を実現してきました。弁護士や官僚出身者が多い国会の場で、教員出身のしものさんは貴重な存在です。ぜひ、「暴れんぼう」として国会に乗り込んで、おおいに教育改革を推進してください。同じ教員出身者として、私もしものさんを全力で応援します。

しもの　ありがとうございます!!　死にものぐるいでがんばってまいります。

著者近影

しもの六太（しもの・ろくた）

1964年5月1日　福岡県北九州市生まれ、太宰府市在住。太宰府市立太宰府小学校卒業。太宰府市立学業院中学校卒業。福岡県立筑紫高校卒業。島根大学教育学部卒業。福岡教育大学大学院修了。公明党教育改革推進本部事務局次長。

【家族】妻と一男二女

【好きな食べ物】好き嫌いはなし。とくに好きなものはイチゴ、メロン、巨峰などのフルーツ

【趣味・特技】バードウオッチング、野草観察、園芸、登山、ウオーキング、美術館・博物館巡り

【心に残った本】「武道無門」（山本周五郎『花杖記』に収録されている短編）

【好きなテレビ番組】韓国ドラマ（「ホジュン～宮廷医官への道」など）

【好きな映画】「ショーシャンクの空に」「ミシシッピー・バーニング」

【好きなタレント】アンジャッシュ

【生まれ変わったらなりたい職業】体育の教師か外科医。人の命を救いたい。

【主な受賞歴】

読売教育賞・優秀賞（2010年度）
福岡県公立学校優秀教員表彰（2010年度）
文部科学大臣優秀教員表彰（2010年度）
福岡県市民教育賞教育者奨励賞（2015年11月）
東書教育賞教育論文コンクール〈中学校の部〉優秀賞（2017年2月）

【特集された主なテレビ・新聞】

日本テレビ「世界一受けたい授業」（2011年、2013年の2回出演）
NHK「ニュースウオッチ9」驚異の体育授業（2010年）
読売新聞「やればできる！　下野式体育」（2012年3月～6月　全11回連載）

【主な著書】

『やればできる！を味わえば子どもは伸びる』（PHP研究所）
『跳べた泳げた必ずできる！　驚異の下野式体育』（鳳書院）
DVD『やればできる！　下野六太先生のスゴい体育』（ラウンドフラット社）
『スペシャリスト直伝！　中学校体育科授業成功の極意』（明治図書出版）

装幀・本文デザイン／村上ゆみ子（エルジェ）　写真撮影／（表紙）香月信二・柴田 篤・本田彰男　ヘアメイク／朝海徳子（Blanc）
取材協力／公明党福岡県本部・公明新聞九州支局・株式会社 東弘 九州支社・中野千尋
編集ディレクション／朝川桂子

国《くに》は人《ひと》がつくる 人《ひと》は教育《きょういく》がつくる

君《きみ》のために
走《はし》り続《つづ》けたい!

2018年10月18日 初版第1刷発行
2018年11月17日 初版第2刷発行

著 者 しもの 六太《ろくた》

発行者 大島 光明

発行所 株式会社 鳳書院
東京都千代田区神田三崎町2-8-12
〒101-0061
電話番号 03-3264-3168(代表)
FAX 03-3234-4383
URL http://www.otorisyoin.com

印 刷 明和印刷株式会社

製 本 株式会社 星共社

ISBN 978-4-87122-193-1